통으로 읽는 한국문화

Korean Culture for curious new comers

Korean Culture for curious new comers

Textcopyright © 2009 by Park, hannah
Photocopyrights © 2009 by Culture Heritage Administration of Korea *et al*.

Published by Pagijong press
129-162 Yongdu-dong, Dongdaemun-gu,
Seoul, Korea
Tel : 82-2-922-1192
Fax : 82-2-928-4683
www.pjbook.com
Printed in Seoul, Korea
ISBN 978-89-6292-064-2

통으로 읽는 한국문화

초판 발행　2009년 10월 9일
개정판 3쇄　2020년 2월 20일

지은이 | 박한나
펴낸이 | 박찬익
사진제공 | 문화재청 외

펴낸곳 | (주)박이정
주소 | 서울시 동대문구 천호대로 16가길 4
전화 | 02)922-1192~3
팩스 | 02)928-4683
홈페이지 | www.pjbook.com
이메일 | pijbook@naver.com
등록 | 1991년 3월 12일 제1-1182호

ISBN 978-89-6292-064-2　03300

* 책값은 뒤표지에 있습니다.

외국인과 다문화 가족을 위한 한국입문서

통으로 읽는 한국문화

Korean Culture for curious new comers

박한나

도서
출판 박이정

머 리 말

'왜'를 묻는 외국인을 위한 한국문화

한국에 여행을 왔거나 잠시 방문한 사람들은 이렇게 묻곤 한다.
"서울에서 쇼핑하기 좋은 곳이 어디지요?"
"태극기가 참 아름다운데 무슨 뜻이 담겨 있습니까?

한국에 살고 있거나 말을 배우는 외국인들은 이렇게 묻곤 한다.
"왜 한국 사람들은 만나자마자 나이부터 물어봅니까?"
"왜 한국인들은 찌개 그릇에 숟가락을 함께 넣어서 떠먹나요?"

전자의 사람들에게는 한국 소개 책자 정도로 간단히 설명해 줄 수 있다.
후자에 속한 사람들에게는 어떻게 설명할 것인가? 현재 한국 안에는 유학
이나 취업 또는 다문화 가정을 이룬 사람들이 수십만에 이른다. 그에 따른 외
국어로서 한국어교육도 무척 활발하다. 하지만 여전히 한국어가 담고 있는 한
국문화의 본질을 설명해 줄 책이 많지 않다. 더욱이 한국문화를 소개하는 책들
도 일방적으로 한국 문화를 나열하고 있는 것이 대부분이다. 따라서 이 책은
'왜'를 묻는 외국인들, 한국이 생활의 터전이 된 사람들의 가려운 곳을 긁어주
기 위해 쓰여진 책이다.

필자도 다년간 중국에서 생활하였는데 '중국 사람들은 왜 그렇게 기름기 많

4

은 음식을 좋아하지?' 하고 의문을 품었었다. 그렇지만 실생활에서 일어나는 그런 궁금증을 해소할 만한 책을 발견하기는 어려웠다. 마찬가지로 외국인들도 한국생활에서 사소하게 부딪히는 한국인의 습관이나 사고방식 등이 더 궁금할 것이다. 그들에게는 '왜 한국 사람들은 식당에서 신발을 벗는지' 궁금하지만, 한국인에게는 너무나 당연한 것이다. 그래서 이 책은 한국인들이 당연하게 생각하는 것을 외국인들의 입장에서 바라본 것이다.

한국인에게 습관적인 것이 바로 한국만의 독특한 문화다. 이런 독특한 한국문화에 대한 해석은 나라 밖에서 한국이라는 숲을 비교문화적 시각에서 볼 때 뚜렷하게 깨달을 수 있다. 이렇게 비교문화적 시각에서 외국인들에게 한국문화를 소개함이 보다 객관적이며 설득력이 있다. 말하자면, '찜질방'이란 간판을 보았을 때 '찜질방이란 무엇이다'를 설명만 할 것이 아니라, 중국이나 일본과 달리 찜질방이 한국에는 왜 그렇게 많은지(온돌문화 습성으로) 이해하고, 나아가 적응하도록 하여(혈액순환이 잘되어 건강에 좋다) 그들도 즐기도록 도움 줄수 있어야 한다.

1999년 '차세대는 중국이다'는 비전으로 중국에서 10여 년을 보냈다. 그동안 여러 대학에서 한국어와 한국문화 강의를 했다. 당시만 해도 한국어과 학생들이 한국문화에 대해 공부할 수 있는 교재는 전무했고 겨우 정부 홍보용 자료들만 있었다. 나는 한국에 들를 때마다 무심코 지나친 삼계탕 집 메뉴판부터 지하철 노선표, 일간지 신문까지 부교재로 쓸만하다싶은 것이 있는 한 날라 자료로 썼다. 그럼에도 불구하고 교재가 마땅치 않아 한국사회와 문화에 대한 '한국개황(韓國槪況)'이라는 책을 임시로 만들어 강의했다. 그 책은 한국어를 배우는 중국인들에게 한국문화를 쉽게 전달했다는 호평을 받았다. 그 계기로 수년간 자료를 수집하고, 정리하여 이 책을 집필하게 된 것이다.

참고자료가 적은 것에 대한 접근 방법으로는, 여러 해 동안 매 학기마다 학생들에게 '한국하면 떠오르는 것, 알고 싶은 것' 등에 대한 설문을 받아 모아 두었던 것과 리포트, 중국에서 발행된 잡지나 신문 등을 활용했다. 또한 한국 내 오래 거주하고 있는 외국인들이 한국에 대해 쓴 자료들도 참고로 했다.

또 하나의 참고자료라면 필자 자신의 생생한 외국 체험과 통찰이다. 일반적으로 문화는 다양한 학문적 영역에서의 설명이 필요하겠지만 이론만이 아니라 현장 답사에서 깨닫는 살아있는 문화 해석도 요구된다. 중국에서의 나의 체험은 우리 문화의 독창성을 뚜렷하게 이해할 수 있었던 값진 기회였다. 만약, 미국에서 살았다면 피클과 김치가 뚜렷하게 다르므로 더 이상 생각할 여지가 별로 없었을 것이다. 하지만 중국에는 김치와 비슷한 짠지류가 많으니 우리 것의 원류와 그 차이를 발로 경험하며 관찰하고 사색을 거듭할 수 있는 장(場)이 되었다. 무엇보다 필자 또한 외국에서 살았기에 외국인을 이해하는 시각이 다양해졌다. 이를테면 남의 나라 교육제도에서 입시를 치른 학부모로서, 남의 나라 교육제도 안에서 그들을 가르치는 교육자로서, 그 나라에 거주하는 외국인으로서 다양한 역할에서 빚어내는 우리 문화와의 접목과 통찰의 자유로움이 있었다.

이 책에서는 한국사회를 설명하는 문화의 주체가 '자연과 사람'이라는 두 주인공으로 본다. 자연 주체가 만들어내는 의식주 생활문화, 사람 주체가 만들어내는 언어와, 역사를 변수로 하는 정신문화로 크게 구별하여 설명하였다. 고구마 캐듯 큰 변수를 따라 맥을 잡으면 세부적인 생활 풍습도 이해되어 문화적 적응도 쉽다. 한국 문화의 본질을 깨닫고 있으면 한국말을 배워도 쉬이 익힐 수 있다. 예컨대 벼농사로 인해 음력절기를 쓰는 것에서 비롯되어 생일날이 해마다 바뀌는 한국인을 이해할 수 있을 것이다.

이 책은 이런 것을 토대로 하여 집필하였기에, 외국인과 다문화 가족들에게는 한국 사회를 이해할 수 있는 생생한 길잡이가 될 것이다. 더욱이 이 책으로 그들이 한국생활을 잘 적응해 나간다면 그보다 더 큰 기쁨은 없을 것이다. 또한 한국문화를 지도하는 일선 선생님들과 해외에 사는 재외동포의 자녀들에게도 모국을 아는데 도움이 되기를 간절히 바란다.

이 책이 세상에 나오도록 쾌히 맡아주신 박찬익 사장님과 모시옷을 손수 짓는 여인처럼 하나하나 편집에 애써주신 이영희 편집장님과 출판사 여러분들 그리고 북경중앙민족대학한국문화연구소의 황교수님을 비롯한 한중 양국에서 이 책을 고대하며 격려해 준 교수님들, 최후까지 열렬 팬이신 팔순의 어머님과 가족, 마지막으로 하늘에 계신 그 분께 진심으로 감사의 말씀을 올린다.

2009년 한여름 삼복 더위에

박 한 나

To Satisfy Foreigners Curious About Korean Culture

Visitors to Korea often ask questions, "Where can I find a good place for shopping?" "I find the Korean flag very beautiful. Could you tell me the meaning of it?"

Some who live in Korea or those who are here learning the Korean language are often embarrassed by Koreans asking "How old are you?" at their first meeting, and cannot understand how Koreans share *jige*, a dish similar to western stew, from a common bowl without using individual plates.

To the former, a simple booklet introducing Korea would do. But for the latter, the explanation is not that easy.

There are hundreds of thousands of foreigners living in Korea. Some are here for study, some for work and some live here with their Korean husbands. There are, however, only a few books available that may satisfactorily give answers to such curiosity. The author kept this in mind before starting this book - to attend to foreigners living the Korean life with cultural shocks.

The author, having lived several years in China, also had many questions about the way the Chinese people live, such as 'why do Chinese people are fond of rich or greasy food?' Nevertheless, I could not find a book that satisfied my curiosity. Likewise, I thought, foreigners living in Korea must have questions regarding the way the Korean people live, the way the Koreans think, etc. Why do Koreans take their shoes off in restaurants, they would ask, which is only natural to Koreans. This book, therefore, explains things that are seen rather unusual from foreigners' view point but go by unquestioned to the Korean natives.

What is customary to and taken for granted by Koreans is the very culture unique to Korea. Such uniqueness becomes vivid when seen in comparison with other cultures outside Korea. Such uniqueness becomes understandable to foreigners when given in a comparative way with other cultures. For example, the meaning of '*jimjilbang*' can be better explained to foreigners if they are given chances to understand the Korean ondol system, heated floor. Furthermore, so doing, they would come to understand that it also helps their blood circulation and would enjoy '*jimjilbang*'.

I spent 10 years in China since 1999, when China had the vision, "China, The Next Generation." I taught the Korean language and the culture at several colleges and universities there, when few teaching material on Korean culture was available. Only a few PR brochures put out by the Korean government were available. Whenever I had chance for a visit to Korea, I scraped whatever material that I thought would help my teaching back in China, including the Seoul metro map and newspaper ads. That being still insufficient, I had to improvise a book 'an outlook of Korea' to aid my lectures, which was well acclaimed by the Chinese students. It is this book, with years of collection and compilation, that motivated me to write this book.

Such questionnaires I asked to the students each semester for several years as 'what comes in your mind when think of Korea,' 'what do you want to know about Korea most,' together with reports, magazines and newspapers published in China were used to make up for the lacking reference materials. Also, writings on Korea by foreigners who had lived a long time in Korean were referred to.

Added to that were my personal experiences and perception from living abroad. Generally speaking, an academic approach is essential to understand a culture, of course, but understanding of it by living the culture should not be underestimated.

My experiences from living in China provided me with a valuable opportunity to understand uniqueness of Korean culture most distinctly. Had I lived in the U.S., I would not have pondered over the difference between kimchi and pickle as the two are obviously different. In China, however, as there are many salty food similar to kimchi, I had to give more thought trying to understand the real difference between the two including their origins. Thanks to my living abroad, my thought on foreigners is no longer fixed. I can understand why each country has different educational system, and this understanding even allows me to think freely of blending some parts of the difference with the Korean system for good outcome.

In this book, 'nature' and 'person' are employed as the two main role players of culture to describe the Korean society. Largely, it is the nature that affects the living culture as it provides essential necessities, while it is the people that lead spiritual culture with variants of language and history. Once you have the clue, the rest comes along easily. With this book, the readers would find it easy to adapt themselves to Korean culture. Once they have come to understand the essence of Korean culture, learning the Korean language becomes so much easier.

I am confident that this book will be a guiding light to foreigners and the members of multi-cultural families in understanding the Korean society. Nothing would please me more if my readers find a better way to adapt themselves to the Korean lifestyle with help of this book. I also sincerely hope that the teachers of Korean culture would benefit from this book as well as children of compatriots abroad in understanding more about their mother country.

My heartfelt gratitude goes to Mr. Pak Chan-ik who gladly accepted publication of this book, Ms. Lee Young-hee, the editor-in-chief and her colleagues at the publishing company, Professor Hwang of the Korean Culture Institute at central University of Nationalities of China, and professors in Korea and China who have been lavish in encouragement for harvest of this book, my dear 80-year-old mother who is an ardent fan of mine, and finally to the one who is in heaven.

On a hot summer day in 2009,
Hannah Park

한글학회는 그간 우리말과 글을 갈고 다듬는 데 100돌을 넘어왔다.

최근에는 국내 뿐 아니라 해외 한국어교원들의 교류가 늘어나면서 우리말 글의 세계화 역할이 날로 높아지고 있다. 특히 한국사회는 이미 다문화시대를 열고 있어서 한국 최고의 학술단체인 우리 학회에서도 한국어 보급과 더불어 한국사회와 문화에 대한 이해자료를 연구하고 있었다.

이즈음에 '통으로 읽는 한국문화'가 출간됨은 반갑기 그지없다.

이 책의 출간을 나는 몇 년 전부터 듣고 있었다. 한국어시험 관계로 이웃 중국을 가보면 갈 때마다 한국어학과는 늘어나고 있었다. 그 무렵, 이 책의 저자가 그곳 현장에서 '외국어로서 한국어와 문화'를 가르치면서 쓴 초고를 접하게 되었는데, 저자가 중국에서 객관적으로 우리 문화를 본 통찰이 매우 돋보여서 좋은 책이 될 것이라고 격려한 적이 있었다. 그로부터 3여 년이 훌쩍 지나서 이제 출간을 하게 된 것이다. 갈수록 출판 기술이 좋아져 책 내는데 걸리는 시간도 훨씬 빨라진 것에 비하면 이 책은 비교적 적지 않은 시간을 보낸 것 같다. 그만큼 저자는 외국인들이 궁금해 하는 한국 문화를 하나하나 짚어서 외국의 것과 우리 것을 비교 통찰하는데 시간을 보냈으리라.

원고를 펼쳐보니 그런 저자의 숨은 노력이 곳곳에 배여 있음을 단번에 알수 있다. 한국 전반을 쉽게 이해할 수 있도록 자연환경과 사회문화적 변수를 기준으로 세워놓고 한국의 의식주를 비롯한 스포츠, 여행까지 한국 전체를 통틀어 소개를 하고 있다. 체계적이면서도 내용이 딱딱하지 않고 실생활과 자연스럽게 연결시켜서 쉽게 이해가 된다. 예컨대, 제2장의 자연환경에서 물이 좋은 한국을 미인이 많은 것과 연결해서 설명한다든지, 제5장에서 한국인이 술잔을 돌리는 것은 제사때 음복술에서 비롯되어 친근함의 표시라는 해석 등은 매우 흥미롭고 설득력 있다. 사실, 한국인이면서도 우리의 풍속과 문화에 대해 그저 의례적으로 여겼던 것을 저자의 놀라운 관찰력으로 새롭게 깨닫는 바가 적지 않다. 나는 한글학회 일로 해외 출장을 가게 되면서 우리 문화에 대해 더 관심을 갖게 되었다. 한번은 식사 자리에서 어떤 외국인 양반이 '한국 사람들은 찌개냄비에 같이 수저를 넣고 먹던데 왜 그러느냐'는 질문을 했다. 아마 나만이 아니라 외국에 나가본 사람들은 이런 경우를 한두 번 겪었으리라 본다.

목차에서 보듯, 이 저서는 한국 사회의 거의 모든 분야를 빠짐없이 망라하고 있는데다 각각의 역사와 연관 지어 왜 오늘날의 한국문화가 이렇게 형성되었는가를 간략하고도 명쾌하게 설명하고 있다. 동시에 다른 나라 사람들이 알고 싶어하는 것을 중심으로 서술하려는 노력이 역력하다. 우리 안에서 우리를 바라보기 어려운데 특별히 저자는 외국에서 우리 문화를 바라보고서 통찰한 대목이 백미라 할 정도로 쉽게 풀이하고 있다.

'통으로 읽는 한국문화' 는 박한나 선생님이 오랫동안 연구하고 강의해 왔던 한국문화를 일반인의 눈높이에 맞추어 흥미롭게 소개한 책이다. 외국의 대학생들은 물론 다문화 가족들에게 한국사회와 문화를 짧은 시간 안에 이해하고 적응하는 데 매우 유용할 것이라는 확신이 든다.

아무쪼록 이 책으로 한국 사회의 맥을 잡을 수 있기를 기대해본다. 외국인들에게는 살아있는 한국입문서가 될 것이라 확신이 든다. 특히 해외에 계시는 한국어 교원들과 이 책을 나누고 싶다. 오늘날 우리 한국인들이 우리 문화 속에서 살고 있으면서도 그저 의례적으로 여기면서 지내고 있는 여러 가지 풍속 및 문화에 대하여 깊이 깨닫게 하는 데가 많다. 무엇보다 우리 국민 모두가 한 번은 꼭 읽어 봄직한 저서이기에 널리 추천하는 바이다.

한글학회 회장
김승곤

The Korean Language Society has spent 100 years elaborating on Korean language. Recently, as the educators of Korean language have been actively interacting with each other overseas, Korean language plays a greater role in globalization. Especially with the rise of multiculturalism in Korean society, the Korean Language Society, the most renowned academic society in Korea, is researching on the materials of Korean society and culture and working on spreading the use of Korean language.

This is why the publication of "Korean Culture for curious new comers" is especially pleasing.

I have been hearing about this book for several years. Every time I visited China regarding Korean language tests, I noticed how the number of Korean language conferences has been increasing. That is when I first encountered the first draft written by the author of this book who was writing it while teaching "Korean Language as a Foreign Language and Korean Culture" in China, and I encouraged her that this book would turn out to be a great book with the author's keen insight into Korean culture. Since then, it has been 3 years, and now the book is about to be published. Given that it takes a lot less time to publish books with the development of publishing technology nowadays, a long period of time has been spent on this book before finally being published. Surely, the author must have been spending that much time pointing out every aspect of Korean culture that foreigners are curious about and comparing Korean culture with foreign cultures.

Upon opening the pages of the book, I can imagine how much effort the author has put in the book. This book introduces Korea as a whole including clothes, food, houses, sports and trips with a main focus on natural environment and socio-cultural variations to enable readers easily understand Korea in general. As well structured as the book is, the content is not stiff, and it is in relation with everyday life to make it easily comprehensible. For example, in chapter 2 where the author relates Korea having fresh water in nature with having many beautiful women and in chapter 4 where the habit of Koreans passing a liquor glass around the table is explained as a way of expressing intimacy, arisen from sacrificial drink at ancestral rites, such elaborations are very interesting and convincing. In fact, through the author's keen observation, I learned a lot about our own customs and cultures I haven't reflected on before even as a Korean myself. I got more interested in our culture as I got to go abroad on business trips regarding Korean Language Association. Once, a foreigner asked me "Why do Koreans dip their spoons in the same pot when they eat stew?" I believe I am not the only one who has heard of such questions outside of Korea.

As can be seen from the table of contents, this book comprises almost all the fields of Korean society and briefly yet clearly explains how Korean cultures of today are formed in relation with history. At the same time, the author's efforts to emphasize on what foreigners would like to know about can be found on every page. It is hard for us to perceive ourselves objectively; however, the author observes and gains an insight into our culture from outside of Korea and clarifies it for readers. In short, "Korean Culture for curious new comers" is a book greatly introducing Korean cultures, which Hannah Park has been researching and teaching for years, at foreigners' level. I am confident that this book will be very useful in aiding foreign college students and multicultural families to understand and adapt to Korean cultures in a short period of time.

By all means, I wish readers can use this book to grasp an idea about Korean society. I am sure this book will function as a vivid primer on Korea. I hope to share this book especially with Korean language teachers abroad. It will help us deeply reflect on various customs and cultures we just take for granted even as we live within the culture. I recommend this book as it is worth reading for everyone more than anything.

President of the Korean Language Society,
Seung-gon Kim

차 례

CONTENTS

생활문화

CONTENTS

여가문화

활기찬 나라 한국, 다이내믹 코리아!

제1과 세계 속의 한국

세계 지도를 펴놓고 한국을 찾아보자.

한국의 국호는 '대한민국(大韓民國)'이며 줄여서 '한국'이라 부른다. 영어로는 '코리아(The Republic of KOREA)'라고 한다. 한국은 북위 33~43도, 동경 124~131도에 있는 아시아대륙 동쪽 끝에 있는 반도국가다. 북쪽은 중국과 러시아와 국경을 접하고 있다. 남쪽은 바다를 사이에 두고 일본과 마주하고 있다.

한국에서 비행기를 타고 왼쪽으로 황해를 건너 1시간을 가면 중국에 도착할 수 있고, 오른쪽으로 동해를 건너 1시간을 가면 일본에 도착할 수 있을 만큼 세 나라가 가깝게 있다. 세계 표준시각도 한국은 일본과 같은 시간대다. 중국과는 1시간의 차이가 난다. 서양인들은 한국인을 보면 '중국인' 혹은 '일본인'이냐고 묻는 경우가 흔하다. 세 나라 사람의 생김새도 비슷하고 같은 한자문화권의 동양인들이니 그럴 만도 하다.

한국은 중국과 일본 사이에 있는 지리적 특성 때문에 문화의 수용과 재창조 그

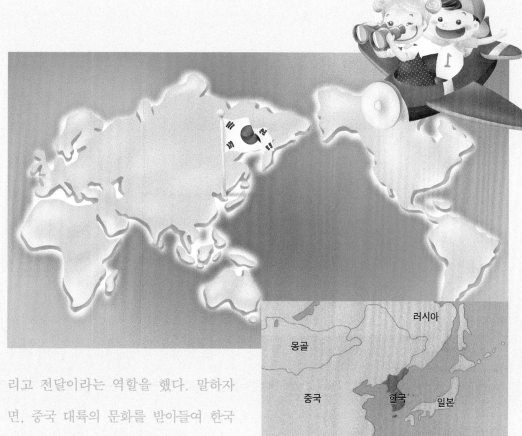

러시아

몽골

중국   한국   일본

대만

• 세계 속의 한국 위치
•• 한국과 중국, 일본의 위치

리고 전달이라는 역할을 했다. 말하자
면, 중국 대륙의 문화를 받아들여 한국
인만의 문화로 재창조하여 세계 문화유
산에 빛나는 독창적 문화를 *일궈낸 것
이다. 그것을 일본에도 전하는 다리 역할을 하였으니 세계
사 측면에서 볼 때 한국은 동아시아 문화를 풍성하게 한 국
가라고 할 수 있다. 오늘날 한국의 드라마, 영화, 가요 등에
서 불고 있는 *한류(韓流)에도 실은 그 바탕에는 오랜 반도
역사가 빚어낸 독특한 문화가 깔려있다. 한글, 태극, 한복,
김치, 불고기, 태권도, 고려인삼, 아리랑, 탈춤 등이 '한류'
라는 상표로 거듭 나서, 아시아는 물론 전 세계 시민들이
즐기는 새로운 '문화의 장(場)'이 되고 있는 것이라 할 수

있다.

　그런가하면 한국은 반도적 위치 때문에 오랜 세월 이웃 나라들로부터 *시달림도 적지 않게 받았다. 하지만 그런 시련의 역사 속에서 더욱 확고한 민족의 정체성을 지닐 수 있었으며 나아가 민족 단결의 힘을 키워 성숙한 정신문화를 쌓아온 나라가 된 것이다. 현대사에서 외국 언론이 *격찬한 두 가지 사건이 있었다. 그것은 1997년 국제통화기금(IMF)의 관리체제에 들어갔을 때 온 국민이 '금 모으기' 운동을 펼쳐서 빠른 시간 내에 경제 위기를 극복했던 일이다. 또 2002년 한 · 일 월드컵 4강 진출에서 온 국민의 응원모습은 끈기와 열정의 국민임을 다시 한 번 세상에 알렸다. 이러한 한국인의 근성 역시 이웃 나라들로부터 받은 외침(外侵)에 오래 단련되어 생긴 지혜라고 볼 수 있다. 그래서 한국은 쓰러질 듯 쓰러지지 않는 '*오뚝이 같은 나라' 라고 한다.

　한편, 한국은 5천 여 년의 오랜 역사와 문화에 비해 국토 면적은 크지 않다. 한반도 전체면적은 약 22만㎢로 영국이나 이탈리아와 비슷한 크기다. 인구는 남북한 합쳐서 약 7천만 명이다. 한국의 수도는 '서울(Seoul)' 이며 약 1천만 인구가 서울에 모여 산다. 한국은 현재 지구상의 유일한 *분단국가로, 남한(South Korea)을 뜻한다. *동족간의 전쟁과 분단의 황폐함에도 불구하고 30여 년 만에 '한강의 기적' 이라고 불릴 만큼 경제 *부흥을 이뤄 세계를 놀라게 했다. 나아가 1988년에는 서울 올림픽을 개최할 정도로 발전한 나라가 되었다. 그런 만큼 고속 경제성장에 따른 *

부실도 있었다. 또 국민성이 '빨리빨리'라는 말로 표현될 정도로 급하다는 비판도 있다.

　이제 한국은 1인당 국민소득이 2만 달러를 오가고 있으며 경제무역규모도 세계 14위를 달리고 있다. 또 국제사회에서도 반기문 제 8대 유엔(UN)사무총장이 탄생되는 등 높아진 국제적 위상을 바탕으로 세계 130여 개국에 개발 원조를 제공하며 세계평화에 적극 동참하고 있다. 과거 '고요한 아침의 나라' 한국이 오늘날에는 IT 산업과 한류로 빛을 발하면서 '활기가 넘치는 역동적인 나라, 한국(Dynamic Korea)'이라는 이미지로 세계에 널리 알려져 있다.

제2과 한국의 상징

1. 태극기

태극기는 대한민국의 국기다.

태극기는 1883년 조선시대 말기에 제정되었다. 2002년 한·일 월드컵 축구가 서울에서 열릴 때, 온 국민이 태극기를 흔들며 열광적인 응원을 해서 세계인을 놀라게 한 적이 있다. 당시 어떤 사람들은 태극기의 모양을 얼굴에 그려 넣기도 하고, 어떤 사람들은 태극기를 몸에 두르기도 하는 등 나라 전체가 태극기의 잔치 분위기였다. 외국인들은 한국의 태극기를 보고 '참 아름답다'거나 '태극기 문양이 독특한데 무엇을 상징하나'라는 질문을 많이 했다.

태극기의 모양은 흰색 바탕에 가운데 태극(太極)문양이 있고 모서리에는 검은색 줄무늬가 그려져 있다. 줄무늬를 괘(卦)라 하며 대각선으로 마주 부르면 '건곤감리(乾-하늘, 坤-땅, 坎-물, 離-불)라 부른다. 가운데에 있는 태극문양은 우주만물의 생성과

조화의 근본이라 할 수 있는 동양의 음양오행 사상을 함축하고 있다. 태극 위쪽의 붉은색은 양(陽)을 의미하고, 아래쪽의 파란색은 음(陰)을 뜻한다.

음양 사상이 반영된 태극 문양은 생활 속에서도 널리 사용되어서 떡의 모양을 만드는 *떡살이나, 방패연, 장고, 부채, 집 대문의 문양, 궁궐 계단의 모서리 등 여러 곳에서 찾아볼 수 있다. 요즘도 한국을 상징하는 각종 로고(logo)에 많이 쓰인다. 국경일날 경축식에는 태극기를 향해 오른손을 왼쪽 가슴에 얹고 애국가를 부른다.

2. 애국가

애국가는 한국의 국가(國歌)이다.

애국가도 태극기와 마찬가지로 지금으로부터 100여 년 전에 만들어져 불리기 시작했다. 노래 가사는 4절까지 있으며 4/4박자로 비교적 느리고 *장중한 느낌을 준다. 한국의 애국가 가사는 다른 나라들에 비해, 자유 평등과 같은 이념을 강조한 것이 아니라 자연만을 순수하게 노래한 점이 독특하다고 한다. 그만큼 자연을 사랑하는 한국인의 소박한 민족성을 담고 있는 것 같다.

3. 무궁화

무궁화(無窮花)는 한국의 나라 꽃이다.

'끝이 없이 영원히 피는 꽃'이라는 뜻을 지니고 있다. 무궁화는 추위에 잘 견딜 뿐 아니라, 끊임없이 피어나는 끈질긴 생명력을 갖고 있다. 이는 곧 '은근과 끈기'로 표현되는 민족성의 상징이기도 하다. 국회, 법원, 무궁화 훈장 등 공공 기관을 상징하는 문양으로도 쓰인다. 무궁화에 대한 노래가 많은데 그 중 가사가 간단하고 반복되어서 한국어 공부에 좋은 것을 소개한다.

> 무궁화
>
> 무궁화 무궁화 우리나라 꽃
>
> 삼천리 강산에 우리나라 꽃
>
> 피었네 피었네 우리나라 꽃
>
> 삼천리 강산에 우리나라 꽃

4. 국경일과 공휴일

- 삼일절(3.1): 1919년 3월 1일 일본 통치의 부당함에 항쟁한 날.
- 제헌절(7.17): 1948년 대한민국의 헌법 공포를 기념한 날.
- 광복절(8.15): 1945년 8월 15일에 일본의 강제점령으로부터 해방된 날.
- 개천절(10.3): 단군 임금이 나라를 개국한 것을 기념한 날.
- 한글날(10.9): 세종대왕의 한글 창제를 기념한 날.

위의 날들은 국경일이다. 공휴일은 1월 1일 신정(新正)을 비롯해서 전통 명절인 설(음력 1.1), 삼일절(3.1), 석가탄신일(음력4.8), 어린이날(5.5), 현충일(6.6), 광복절 (8.15), 추석(음력 8.15), 개천절(10.3), 크리스마스(12.25) 등이다. 여기서 설과 추석은 민족의 명절로 3일씩 연달아 쉰다.

5. 한국의 지표

- 면적 : 약 22만 ㎢(남한 약 10만 ㎢)

- 인구 : 약 7,400만 명(남한 약 5,000만 명)

- 언어 : 한국어

- 수도 : 서울특별시(Seoul)

- 정치 : 민주공화제

- 정부형태 : 대통령 중심제

- 화폐단위 : 원(Won)

- 국내총생산량(GDP) : 11,292억 달러(세계 14위)

- 1인당국민소득(GNI) : 22,708 달러

- 한국의 이미지 : 고요한 아침의 나라, 동방예의지국(東方禮義之國),

  활기차고 역동적인 나라, 한국(Dynamic Korea)

*통계청, 2012년 제공

제3과 한민족과 한글

1. 한민족

한국인을 '한민족' 혹은 '한겨레'라 부른다.

'한(韓)'은 '크다'는 뜻이다. 청동기 시대에 한반도에는 삼한(三韓)부족국가가 있었는데 여기서 '한(韓)'이라는 말이 나왔다고도 한다. 또 고조선을 세운 단군 임금의 자손이라고 하여 '배달겨레'라 부르기도 한다. 이러한 한민족이 *단일민족으로서의 성격을 확립한 것은 조선시대 초에 두만강과 압록강을 경계로 한반도의 영토가 확정되면서부터이다.

한국인은 단일민족 의식이 강한 민족이다. 예로부터 나라에 *변고가 나면 백성이 *일심동체가 되어 문제를 해결하는 것에서도 엿볼 수 있다. 이런 민족성의 원인을 찾아본다면 아무래도 자기방어적 이유를 먼저 들 수 있겠다. 중국처럼 큰 나라를 바로 옆에 두고 있는 나라로서는 뭉치지 않으면 안 된다는 위기의식의 공유라고 볼 수 있다. 이러한 의식이 잘 발휘될 수 있었음은 나라가 작아서 오히려 정보의 전달이 빠른 것도 있었을 것이다. 나라에 변고가 나면 소식은 빠르게 전달되고 마치 가족의 일인양 뭉친다. 또한 하나의 언어와 쉬운 문자의 공유성이라 할 수 있다. 온 국민이 한국어로 말하고 문자로는 쉽게 배울 수 있는 한글을 쓰므로 의사소통과 정서면에 있어서 단일민족적 기질을 더욱 굳건히 할 수 있었다고 본다.

한민족은 19세기 후반부터 서양이나 일본 등의 외세의 침략을 받아왔다. 당시 사람들은 전쟁과 굶주림에 시달리다 해외로 *이주하게 되었다. 그들은 그동안 남의 나라에서 *숱한 난관을 극복한 끝에 밝고 힘찬 한인사회를 형성하고 있다. 한민족은 현재(2007년 기준) 미국을 비롯하여 중국, 그리고 남미 등 세계 170 여 개국에 흩어져 살고 있으며 약 700만 세계한인공동체라는 동포 사회를 이루고 있다. 최근엔 한국 국적을 그대로 가지면서 사업이나 유학 등으로 인해 외국에서 거주, 체류하고 있는 재외국민도 부쩍 늘고 있다. 오늘날은 이들의 국적이 어떻든 간에 해외에 살면서 한민족의 정서와 문화를 이어가는 소중한 민족적 자산인 것이다.

한편, 근래에는 한국 안에도 외국인들이 많이 살고 있다. 한국경제의 지속적인 발전으로 인해 한국에 체류하는 외국인도 많아졌고 한국인과 결혼하여 가정을 *꾸린 외국인들도 급격하게 늘고 있다. 그동안은 단일민족 의식이 외세 침략에 대응하는 원동력이 되기도 했지만 이제 21세기에서는 지구인이 함께 살아가는 대전제 시대에 들어있다. 한국에 들어와 사는 외국인들에게는 단일민족성의 부정적인 면이라고 할 수 있는 *배타성은 버리고 *포용하여야 한다. 그런가하면 외국에 나가 사는 한국인들에게는 민족의 정체성이라는 긍정적인 측면을 함양하면서 다문화 사회로의 의식을 넓혀 세계 공동번영에 발맞추어야 한다.

2. 한글

한글은 한국의 고유문자이다.

인류가 사용하는 말은 수 천 개가 넘지만 문자는 100여 종 미만이라고 한다. 그 중에서도 한국은 유네스코(UNESCO)에 등록된 세계에서 가장 우수한 문자를 가지고 있어서 온 국민이 풍부한 문자 생활을 누리고 있다. 말하자면 한국 사람들은 모두가 한국말을 하고 한글 문자를 쓴다.

한국말은 국내외 인구와 해외교포 등 약 8천만 명이 넘는 사람들이 쓰는 언어다. 세계 12~14위권에 드는 언어라고 한다. 근래에는 한국의 경제력과 한류의 영향으로 한국어를 배우는 사람들이 더욱 많아질 전망이다. 또한 한글의 연구는 국내뿐 아니라 해외언어학계에서도 활발히 발표되고 있다. 매년 10월 9일 한글날이

컴퓨터로 한글 자판을 치는 모습. 양손으로 자음과 모음을 치고 모아쓰기를 하므로 입력 속도가 빠르고 정확하다.

되면 한글관련 연구가 방송언론을 통해 발표된다. 그만큼 한국은 정신문화에 대한 관심이 높은 나라라고 할 수 있다.

한글의 우수성

첫째, 글자를 만든 때와 사람, 목적이 분명한 세계 유일의 문자이다.

대부분의 문자는 누가, 언제 만들었는지 정확하지 않다. 한글은 1443년에 세종대왕이 만들었으며 1446년에 공포하여 백성들에게 쓰게 하였다. 한글은 창제 당시에는 '훈민정음(訓民正音)'이라 하여 '백성을 가르치는 바른 소리'라는 뜻으로 불렀다. 그러다 일제강점기 때인 1928년에 '한글'이라고 이름을 바꾸어 사용하게 되었다.

세종대왕이 한글을 만들기 전까지는 한국 사람들은 모두가 한자를 썼다. 말은 한국어이고 글은 중국 문자인 한자를 썼기 때문에 백성들이 억울한 일이 있어도 복잡한 한자로 자신의 뜻을 표현하는데 매우 어려움을 겪었다. 이에 세종대왕은 백성들이 쉽게 배우고 편리하게 사용할 글자가 필요하다고 생각하고 한글을 만들게 되었음을 창제 *서문에 명확히 밝히고 있다. 그의 공로를 기념하여 유네스코에서는 '세종대왕상(King Sejong Prize)'을 제정하여 *문맹 *퇴치에 공이 큰 단체나 사람에게 수여하고 있다.

둘째, 한글은 배우기 쉽고 사용하기에 편리하다.

한글창제에 참여한 정인지라는 학자는 훈민정음 해설서에, "이 글자는 슬기로운 사람은 아침을 마치기도 전에 깨칠 것이요, 어리석은 사람이라도 열흘이면 배울 수 있다"고 말하고 있다. 즉 한글은 배우기 쉽게 과학적으로 만들어져서 한나절이면 누구나 쉽게 익혀, 편하게 쓸 수 있다는 뜻이다. 한국이 문맹이 없는 나라인 것도 한글이 배우기 쉬운 문자라는 것과 관련이 있다.

한글은 21세기 디지털 시대에 더욱 그 진가를 발휘한다. 컴퓨터로 자판을 칠 때도 양손으로 자음 모음을 번갈아 치므로 중국어나 일본어를 입력하는 속도보다 더 빠르고 정확하다. 휴대전화로 문자를 보낼 때도 5초면 하나의 문장을 써서 보낼 수도 있다. 그래서 한국의 젊은 세대들은 휴대폰으로 문자를 주고받는 것이 습관처럼 되어 있다. 한국이 오늘날 IT강국이 된 것도 이렇게 한글을 편리하게 사용할 수 있기 때문이다.

셋째, 한글은 다른 문자로부터 영향을 받지 않고 독창적으로 만들어졌다. 한글은 표음문자 갈래이며 음소문자이다. 음소 중 자음은 소리를 내는 발성기관의 모양을 수없이 연구하여 발견해낸 것이다. 모음은 하늘(•)과 땅(_)과 사람(ㅣ)을 본떠서 만들었다. 훈민정음 창제 당시 한글 자모는 28개 글자였다. 현재는 4개 글자가 줄어들어서 모음 10자, 자음 14자로 모두 24개 자모음이 사용되고 있다.

넷째, 한글은 규칙적으로 *파생되는 과학적인 문자이므로 배우기 쉽다.

자음은 발음기관의 생긴 모양을 본떠서 기본자 다섯 개(ㄱ,ㄴ,ㅁ,ㅅ,ㅇ)를 만들고 거기에 획을 더하거나(ㅋ,ㅌ,ㅍ,ㅊ), 글자를 겹쳐 썼다(ㄲ,ㄸ,ㅃ,ㅆ,ㅉ). 모음은 3개의 기본 음소가 체계적으로 파생된다. 즉 한글은 기본 자모음 8개의 음소를 결합하여 *무한에 가까운 글자를 만들 수 있다. 그래서 한글은 음소 글자이면서 음절 글자의 특징을 가진다. 예컨대, '강(江)'이란 글자는 'ㄱ, ㅏ, ㅇ'의 자모음의 음소가 결합하여 하나의 뜻을 이룬 음절 글자가 된 것이다.

다섯째, 뛰어난 표음 능력(表音能力)을 지닌 글자이다.

훈민정음 해례본에서 "바람 소리, 학 소리, 닭 우는 소리, 개 짖는 소리까지 무엇이든지 소리 나는 대로 글자로 쓸 수 있다"고 하였다. 외국어의 발음도 가장 비숫하게 표현할 수 있다. 한글은 단지 24개 자모음으로 거의 모든 의성어와 의태어를 쓸 수 있다. 한글을 로마자 발음으로 소리 나는 대로 표기하면 다음과 같다.

한글 → Han Geul

안녕하세요? → Ann Yeong Ha Se Yo?

감사합니다. → Gam Sa Hapnida.

사랑해요! → Sa Rang He Yo!

한글의 체계

한글의 체계							
자음 (닿소리)	ㄱ 기역	ㄴ 니은	ㄷ 디귿	ㄹ 리을	ㅁ 미음	ㅂ 비읍	ㅅ 시옷
	ㅇ 이응	ㅈ 지읒	ㅊ 치읓	ㅋ 키읔	ㅌ 티읕	ㅍ 피읖	ㅎ 히읗
모음 (홀소리)	ㅏ 아	ㅑ 야	ㅓ 어	ㅕ 여	ㅗ 오	ㅛ 요	ㅜ 우 ㅠ 유 ㅡ 으 ㅣ 이

	글자 만드는 원리	보기
자음	자음 기본 글자에 획을 더한다. 기본 글자를 겹쳐 쓴다.	ㄱ→ㅋ ㄴ→ㄷ, ㅌ ㅁ→ㅂ, ㅍ ㅅ→ㅈ, ㅊ ㅇ→ㅎ ㄱ→ㄲ ㄴ→ㄸ ㅁ→ㅃ ㅅ→ㅆ, ㅉ
모음	모음 기본 글자를 합한다.	•＋ㅡ＝ㅗ, ㅜ(뒤집기) •＋ㅣ＝ㅏ, ㅓ(뒤집기) ㅣ＋ㅗ＝ㅛ, ㅠ(뒤집기) ㅣ＋ㅏ＝ㅑ, ㅕ(뒤집기)
음절	자음과 모음을 합한다.	ㅁ＋ㅏ＋ㄹ＝말 ㄲ＋ㅗ＋ㅊ＝꽃

3. 한국어의 특징과 한국인

첫째, 한국어에는 다양한 *호칭과 *경어법이 발달해있다.

옛날 농경사회에서는 친족들끼리 한 마을을 이루고 살았다. 만나는 사람이 대부분 친척이므로 개인의 이름보다는 친척 관계를 나타내는 대명사로 주로 불렸다. 예컨대 영어의 'aunt'로 표현하는 대상이 한국어에서는 관계에 따라 '큰어머니, 작은어머니, 고모, 이모, 아주머니' 등 다양하게 나타낼 수 있다.

또 한국어에는 경어와 존칭어미가 발달되어 있어 상대방이 나보다 나이가 많으면 경어법에 맞게 말을 골라 써야 한다. 같은 낱말이라도 높임말, 예사말, 낮춤말의 단어가 있다. 예컨대 '밥'을 어른에게 말할 때는 '진지'라고 한다. 문법적으로도 높임법의 조사와 어미가 발달하여서 예컨대 '아버지가 화를 냈다'라고 하지 않고 '아버님께서 화를 내셨다'라고 한다. 따라서 친족관계 호칭이 매우 다양하고 경어가 발달한 것으로 볼 때 한국인은 가족과 혈연집단을 중시하여서 그에 따른 언어 예절을 교양의 척도로 보는 면이 많다고 할 수 있다.

둘째, 감정이나 느낌을 나타내는 말이 매우 풍부하다.

감정을 나타내는 형용사, 부사가 발달하여 세심한 정서의 공감이 빠르다.예컨 대 '허리가 아프다'는 말을 하고 싶으면 '아프다'는 말 대신에 '뻐근하다, 쿡쿡 쑤신다, 따끔거린다, 찌부둥하다, 끊어질 것 같다, 내려앉는것 같다, 묵직하다' 등 아픈 정도를 매우 다양한 감정의 형용사로 표현한다. 또 '노랗다'라는 뜻이라도 경우에 따라서 '샛노란 은행잎', '노르스름하게 잘 굽힌 빵', '누렇게 뜬 얼굴', 노릇노릇하게 구운 김', 누런 황소' 등 감정 표현 어휘가 매우 다양하다. 또한 '퐁 당'과 '풍덩'처럼 모음에 따라서도 어감이 다르므로 감수성이 풍부해진다. 이로 써 한국인들은 대화할 때나 노랫말을 들을 때나 영화를 볼 때도 낱말이 주는 느낌 과 정서에 민감한 편이다. 이러한 면이 한국의 대중가요나 영화가 다른 나라 사람 들의 *심금도 울리는 좋은 작품을 낳게 되는 것과 관련이 많을 것이다.

셋째, 낱말의 조합이 다양하고 풍부하다.

한글에는 순 한글 말에서 나온 것과 한자어에서 나온 한글이 섞여 있다. 예컨대 '불쌍하다'와 '가련하다'는 같은 뜻이지만 '불쌍하다'는 순 한글에서 나온 것이 고 '가련'은 한자말에서 나온 한글이다. 또 '강(江)물' 혹은 '선거(選擧)철'과 같은 단어처럼 한자와 한글이 서로 조합하여 한글을 만들기도 한다. 그래서 일찍이 한 국인들은 낱말을 조합하고 새롭게 만들어 내는 등 언어에 대한 감각이 발달된 민 족이라고 할 수 있다.

이런 방식이 확대되어 요즘에는 영어 외래어 조합어도 제법 많다. 예컨대, '재 태크(財tech)', 싱글족(single族), '소개팅(소개ting)' 등이다. 최근 인터넷의 발달로 '얼짱(얼굴이 제일 예쁜)', '열공(열심히 공부하자)' 등과 같은 순 한글 신조어를 젊은이들은 즐겁게 만들어 쓴다. 한국은 적지 않은 세계기록문화유산을 보유한 나라에 드는데 이것 역시 인간만이 가지는 언어와 문자의 특권을 잘 활용하고 즐기는 민족성과 무관하지 않을 것이다. 그래서 예로부터 한국인은 문기(文氣)를 *숭상하여 양반 의식과 선비 문화가 있었으며 요즘도 배움을 중시하는 높은 교육열을 보이고 있다.

내용 정리해 보기   exercises

01 다음 사항을 읽고 그 설명이 맞으면 (   )안에 O, 틀리면 X를 하시오.

    1) 한국은 동아시아에 위치하여 5천년의 오랜 역사를 가진 반도 국가다. (   )

    2) 한국의 국기는 태극문양을 새긴 태극기이며 나라꽃은 장미꽃이다. (   )

    3) 한국은 현재 분단국가이며 수도는 서울이다. (   )

    4) 한국말을 할 때는 상대방에 맞는 경어법을 써야 실례가 되지 않는다. (   )

    5) 한국은 이웃인 중국이나 일본과는 다른 고유한 말과 문자를 가지고 있다. (   )

02 한국의 공휴일을 아는 대로 나열해 보시오.

03 한글이 세계에서 가장 우수한 문자로 세계문화유산이 된 이유를 다섯 가지로 나누어 설명해 보시오.

04 1990년대 이후 최근의 한국현대사에서 외국 언론이 격찬한 두 가지 사건이 있었다. 어떤 사건인지 간단하게 설명해 보시오.

05 한국의 '이미지'에 대해 과거와 오늘날의 표현을 각각 쓰고, 그런 이미지를 떠올리는 이유에 대해 서로 이야기 나누어 봅시다.

어휘 알아보기

words

- **일구어/일구다**: 농사를 짓기 위해 땅을 파서 일으키다.
- **한류(韓流)**: 한국의 대중문화가 다른 나라에서 크게 유행하는 것. 또는 그런 현상
- **시달림/시달리다**: 괴로움을 당하다
- **격찬(激讚)**: 대단히 칭찬함.
- **오뚝이**: 아무렇게나 굴려도 오뚝오뚝 서는 장난감.
- **분단국가(分斷國家)**: 하나의 나라가 전쟁 등으로 인하여 둘 이상으로 갈라진 국가.
- **동족(同族)**: 같은 겨레 또는 혈족
- **부흥(復興)**: 쇠잔하던 것이 다시 일어남
- **부실(不實)**: 내용이 실속이 없거나 충실하지 못함.
- **떡살**: 흰떡 등을 눌러 모양과 무늬를 찍어내는 나무판.
- **장중(莊重)**: 장엄하고 무게가 있다.
- **단일민족(單一民族)**: 하나의 인종으로 구성되어 있는 민족.
- **변고(變故)**: 재난이나 사고. 괴이쩍은 사고.
- **일심동체(一心同體)**: 한마음 한 몸. 곧, 서로 굳게 결합함.
- **이주(移住)**: 다른 곳 · 나라에 옮아가서 삶.
- **숱한/숱하다**: 아주 많다. 흔하다
- **꾸린/꾸리다**: 집 · 자리 · 이야기 따위를 모양이 나게 손질하다.
- **배타성(排他性)**: 남을 배척하는 성질.
- **포용(包容)**: 휩싸서 들임. 도량이 넓어서 남의 잘못을 덮어 줌.
- **공포(公布)**: 법령 · 조약 따위를 일반 국민에게 널리 알림.
- **서문(序文)**: 머리말.
- **문맹(文盲)**: 무식하여 글에 어두움.
- **퇴치(退治)**: 물리쳐 아주 없애 버림.
- **파생(派生)**: 어떤 사물이 근원으로부터 갈려 나와 생김.
- **무한(無限)**: 한계나 끝이 없음.
- **호칭(呼稱)**: 이름 지어 부름. 또는 그 이름.
- **경어법(敬語法)**: 말의 높임법.
- **심금(心琴)**: 외부의 자극을 받아 움직이는 미묘한 마음.
- **숭상(崇尙)**: 높여 소중히 여김.

Chapter **2**

자연환경과 행정

한국에는 물이 좋아
미인이 많지요!

제1과 지리와 기후

1. 지리

산과 강

한반도에는 산이 많다.

그리 높지 않은 아기자기한 산들이 국토의 약 70%를 차지해 사방 어디서나 산을 볼 수 있다. 그 사이로 계곡이 흐르고 논과 밭이 펼쳐져 있는 산하를 보면 마치 어머니의 젖무덤처럼 정답게 느껴진다. 그래서인지 한국인들은 산과 친근한 정서를 가지고 있다. 휴일이면 도시 근교 산에는 아침 일찍부터 등산객으로 *북적댈 정도로 산을 좋아하는 사람들이 많다.

한반도의 지형은 호랑이의 등줄기처럼 힘찬 모양이다. 산 중에서 제일 높은 산은 북쪽에 있는 백두산(2744m)이다. 이 백두산에서 시작하여 남쪽으로 길게 뻗은 태백산맥 줄기를 따라 지리산에 이르는 한반도의 등뼈를 백두대간이라 한다. 이

• 한국의 산맥과 평야
•• 호랑이 모양의 한반도 지형

백두대간을 중심으로 북쪽과 동쪽에 산이 주로 많고 서쪽과 남쪽은 평야와 강이 발달해 있는 동고서저(東高西低)의 지형이다.

강은 산맥을 따라 여러 줄기가 있다. 대표적인 강은 한강이다. 한강은 강원도 일대의 산에서 *새어나온 물줄기가 시작되어 큰 강물을 이루면서 서울을 거쳐 인천 쪽 서해 바다로 들어간다. 한강 주변에는 질 좋은 흙이 쌓여서 평야를 이루어 쌀농사가 발달했다. 또 여주, 이천과 같은 좋은 도자기 생산지도 만들어졌다. 한강은 수량이 풍부하여 서울 및 수도권 사람들의 *음용수의 *급원이 된다.

낙동강은 남쪽에서 가장 긴 강으로 경상도 일대의 젖줄이다.

낙동강은 섬유공업 도시인 대구광역시를 거쳐 부산 쪽 남해 바다로 흘러 들어간다.

영산강은 전라도 지역을 흐르는 강이다. 영산강 유역엔 호남(전라도)평야가 발달하였는데, '한국의 *곡창지대'라 할 정도로 쌀농사를 가장 많이 짓는 곳이다.

바다와 섬

한반도는 동해, 남해, 서해(황해)로 불리는 바다로 삼면이 둘러싸여 있다. 동해에 비해 남해와 서해안은 크고 작은 섬들이 많아서 해안선이 복잡하다.

동해안은 태평양과 연결된 탁 트인 바다와 태백산맥의 경치가 어우러져서 관광지가 많다. 그래서 여름에 동해안에는 해수욕장으로 *인파가 붐비며 겨울에는 눈이 많아서 스키를 즐기는 관광지가 된다.

또한 동해에는 한류와 난류가 교류하면서 각종 물고기가 풍부하다. 그중 명태와 오징어는 동해안의 대표적 어류다. 그래서 한국인은 명태와 오징어를 밥반찬이나 간식으로 즐겨 먹는다. 명태를 말린 것을 북어라 부르는데 이것으로 끓인 북어국을 한국인들은 술 마신 뒤 속 푸는 해장국으로 즐겨 먹는다. 오징어는 단백질과 칼슘 등 영양이 풍부한 식품인데 특히 잘 말린 오징어는 짭짤하고 쫄깃하여 간식거리로 많이 이용된다. 과자가 흔하지 않던 시절에 마른 오징어를 질근질근 씹으며 할머니가 들려주시던 옛날이야기를 들었던 추억이 한국인의 정서에는 스며있다. 말린 오징어는 도시락 반찬으로 애용되거나 술을 마실 때 곁들여 먹는 안주로도 인기다.

동해에는 한국에서 두 번째로 큰 섬인 울릉도와 *무인도 섬인 독도가 있다. 독도의 행정구역은 경상북도 울릉군 울릉읍 독도리 이사부길 63번지라고 되어있다. 이것은 신라시대 지증왕(512년)이 이사부 장군을 시켜서 복속시킨 것에서 유래

한다. 최근에는 독도를 사랑하고 조상들이 물려준 것을 잘 지키자는 독도 지킴이 활동에 온 국민의 관심이 크다. 그러한 뜻에서 2007년말 기준으로 2천 여 명의 주민이 살게 되어서 이제 독도는 더이상 외로운 섬이 아닌 셈이다.

남해안에는 크고 작은 아름다운 섬들이 많다. 그 중 한국에서 가장 큰 섬인 제주도가 있다. 제주도는 화산섬이라 풍광이 아름다워 관광지로 유명하며 특산품으로는 감귤도 유명하다. 또 남해안은 수심이 얕고 수온이 알맞아 김이나 굴을 기르는 양식업이 발달하였다. 김은 품질이 좋아 이웃 일본에 많이 수출하고 있다. 한국인은 김에다가 참기름과 소금을 발라 살짝 구워 낸 김구이를 마른 반찬으로 즐겨먹는다. 또 여행을 갈 때는 김밥을 싸서 식사 대용으로 준비한다. 김밥은 김과 밥 그리고 각종 야채들이 어우러져 맛을 내므로 간단한 한 끼 식사로서 영양만점 건강식이다.

서해안은 조수간만의 차가 크다. 서해는 특별히 중국 황하의 영향으로 바닷물이 누렇다고 하여 '황해' 라고도 부른다. 예로부터 중국과 교역이 활발했던 곳이라 지금도 인천이나 목포 등지에서는 중국 산동이나 기타 지역으로 가는 뱃길이 활발하다. 서해안의 특산품으로는 조기가 있다. 특히 연평도의 조기는 맛이 있고 품질이 높아 예전에는 임금님 상에 올라가는 어류였다.

2. 기후

한국은 봄, 여름, 가을, 겨울의 사계절이 있다.

계절마다 기온 변화가 뚜렷한 대륙성 날씨이다. 한국의 연평균 기온은 10~16℃다. 가장 무더운 8월은 23~27℃이며, 가장 추운 1월은 −6~7℃이다. 연평균 강수량은 1200~1300mm로 세계 평균 강수량보다 많다.

봄(3~5월)은 따뜻하다. 5월에는 '계절의 여왕'이라 불릴 정도로 전 국토가 온갖 아름다운 꽃으로 만발한다. 봄에는 가끔 '꽃샘추위'도 있고 중국 대륙으로부터 *황사가 불어오기도 한다.

여름(6~8월)은 무덥다. 비가 계속되는 장마철이 있어 습도가 높아 후덥지근하다. 여름에 가장 더운 지방은 대구시이며 영상 40℃까지 올라가는 날도 있다.

가을(9~11월)은 시원하다. 산과 들에는 나뭇잎들이 단풍으로 곱게 물들어 여행객들의 마음을 유혹한다. 하늘이 높고 푸르며 공기가 매우 신선하다. 10월 평균 기온이 11~19℃로 사람이 활동하기에 좋고 곡식이나 과일도 숙성에 딱 좋은 온도와 습도가 된다. 그래서 한국인들은 과일이 달고 맛있어서 과일을 익혀먹지 않고 생것을 그대로 먹는 것이다.

겨울(12~2월)은 춥다. 북서쪽의 시베리아의 영향을 받아 영하의 온도로 춥지만

'삼한사온(三寒四溫)' 현상이 있어 겨울 지내기가 수월하다. 겨울에 가장 추운 곳은 북한의 중강진으로 영하 20℃까지 내려가기도 한다. 겨울에는 눈이 와서 아름다운데, 강원도 일대는 눈이 많이 와서 설경(雪景)을 배경으로 하는 스키장과 겨울 관광지로 인기다.

이처럼 여름에 매우 덥고 겨울에 추운 날씨로 확실히 구별되는 대륙성 기후 탓인지 한국인들은 대체로 역동적이며 부지런하다. 또 사계절 날씨가 뚜렷하게 변하니 일 년 내내 여행을 다녀도 지루하지가 않을 정도로 계절마다 풍광이 아름답다. 이러한 자연의 아름다움은 한국인의 감성을 자극하여 다양한 생활문화를 형성하는 요인이 되기도 한다.

• 봄 매화
•• 여름 계곡
••• 가을 추수
•••• 겨울산

제2과 자연과 한국인

1. 땅과 물과 한국인

한국의 산은 나무로 울창하다.

산에 나무가 많아서 한꺼번에 비가와도 뿌리가 물을 잘 간직하였다가 시냇물로 조금씩 *토해낸다. 지층이 고루 발달되어 있어 빗물을 잘 걸러주어 수질이 매우 좋다. 예전에는 강물이나 시냇물을 그냥 먹어도 *탈이 없을 정도였다. 국토 어디나 땅을 파면 샘물이 되어서 식수로 사용할 수 있었다. 산 좋고 물 좋은 지리적 자연 환경은 다음과 같은 한국인의 습관을 낳았다고 할 수 있다.

첫째, 한국인들은 물을 끓이지 않고 그냥 마시는 것을 좋아한다. 지금은 환경오염으로 인해 수돗물도 끓여서 마시긴 하지만 여전히 한국인들은 생수를 좋아한다.

둘째, 한국인들은 물기 많은 음식을 즐겨 먹는다. 한국음식의 특징은 국물에 있다고 할 정도로 거의 모든 음식에는 물기가 있다. 그래서 한국의 그릇은 유난히

오목한 모양이다. 매일 아침밥을 먹을 때 국을 곁들이는 습관을 갖고 있다.

셋째, 한국인들은 싱싱한 야채나 과일을 생 것 그대로 먹기를 즐긴다. 야채를 깨끗하게 여러 번 씻을 물이 많다는 뜻이기도 하다. 과일을 기름에 튀기거나 익혀 먹는 일은 거의 없다. 깨끗이 씻은 신선한 야채로 쌈을 싸먹는 것을 좋아한다. 불고기나 삼겹살 등도 야채 쌈을 싸서 먹어야 별미이듯.

넷째, 한국에는 미인이 많다고 한다. 한국말에 '남남북녀' 혹은 '평양 기생'이라는 말이 있다. 즉 남자는 남쪽 남자가(흔히 경상도 남자를 뜻함)남성답고, 여자는 북쪽 여자가 아름답다는 말이다. 또 '평양 기생'이라는 말은 기생 중에는 북쪽의 평양 출신 기생이 가장 미인이라는 뜻이다. 결국 북쪽에 미인이 많다는 말인데 이는 한국의 지형으로 보면 북쪽에 산이 더 많다. 평양은 많은 산에서 내려오는 물줄기로 이루어진 대동강을 두고 있어 자연히 수질이 좋을 것이다. 물의 질이 좋으면 피부가 좋아지니 미인이 많을 수밖에. 한국에 온 외국인들은 한국엔 미인이 많다고 한다. 흔히 화장을 잘해서 그렇다거나 성형을 해서 미인이 많다고 오해하기도 하지만 대부분의 여성들은 자연 피부 미인들이다. '호박에 줄긋는다고 수박되나' 하는 말이 있듯이 피부가 좋아야 화장도 잘 먹는 법이다.

다섯째, 한국인은 물을 잘 쓰는 편이다. 한국 속담에 '돈을 물 쓰듯 하다'는 말이 있다. 그만큼 한국인은 물을 넉넉하게 소비하는 편이다. 음식에도 국물음식이 많다. 예컨대, 냉면을 만들 때도 국물을 많이 담으므로 다 마시지 못하고 버린다. 또 물 소비가 많은 온천, 사우나를 즐기며 피로를 푸는 사람들도 많다. 좋은 물로 하는 피부미용과 휴식을 겸한 목욕문화가 한국의 관광 상품으로도 인기다.

여섯째, 자연을 찬미하며 소박한 심성을 가진 민족이다. 한국의 토양을 '옥토(沃土)'라고 한다. 흙에 물기가 촉촉하며 거름기가 많아서 어디서나 땅을 일구어 부지런히 농사를 지으면 땀 흘린 만큼 열매를 거둘 수 있다. 국토 어디서나 땅을 파면 깨끗한 물이 나오는 샘물이 되니 마실 것을 걱정할 필요가 없고, 땅이 기름져서 씨를 뿌리면 곡식을 먹을 수가 있다. 그러니 남의 것을 *탐하며 쟁취하기보다는 자연을 찬미하고 안빈낙도(安貧樂道)하는 것이 행복한 삶이라는 소박하고 여유로운 심성을 가지게 된 것이다. 이런 생각은 옛 조상이 남긴 시나 노래에서도 찾아볼 수 있고 ,또 역사를 봐도 남의 나라를 먼저 공격하여 전쟁을 일으킨 적이 없는 것에서도 엿볼 수 있다.

2. 날씨와 한국인

한국은 온대지역으로 사람이 살기에 좋다.

또 사시사철이 있으니 각 계절마다 변하는 날씨와 풍경에 민감한 편이다. 이런 날씨가 주는 한국인의 특성은 다음과 같다고 본다.

첫째, 옷차림과 패션 감각이 발달한 민족이다.

사계절이 뚜렷한 기온의 변화는 의생활의 변화에도 크게 영향을 끼쳤다. 여름엔 얇고 시원한 옷을 마련하고 겨울에는 솜을 넣어 따뜻한 옷을 준비하였다. 이렇게 철마다 옷을 만들어 입어야 하므로 옷을 깨끗하게 갈아입는 것은 부지런한 성품을 나타내기도 했다. 그래서 한국 사람들은 인간관계에서 옷차림이 첫 인상을 좌우한다고 여기는 편이라 시간과 장소에 맞는 옷차림을 단정히 하려고 한다. 나아가 '단정한 옷차림은 단정한 마음'에서 비롯된다고 하며 옷차림이 인간관계에서 중요한 예절이라고 믿는 경향도 있다.

또한 사계절 변화하는 자연의 색깔을 보고 자란 영향으로 옷의 색 등에도 관심이 많아져서 패션 감각까지 발달하였다. 오늘날 한국인이 만든 옷이 세계 시장에서 인기가 있는 것 또한 사계절이 뚜렷한 자연과 관련이 있다고 본다.

둘째, 감수성이 민감하여 노래·영화·예술감각이 발달하였다.

좋은 날씨에 사는 민족들은 비교적 예술 감각이 발달했다고 한다. 유럽 지중해 연안에 있는 이탈리아는 태양이 비치는 좋은 날씨를 노래로 표현하기를 좋아해서 세계적인 음악의 나라로 꼽히는 것도 그러하다.

한국의 봄, 가을의 날씨는 온도도 쾌적하며 하늘이 푸르고 맑아서 저절로 콧노래가 나온다. 특히 가을 하늘은 세계에서도 맑고 푸르기로 이름나 있다. 날씨에 따라 기분이 오가는 법이니 한국인들은 아름다운 날씨를 감상하며 곧잘 시나 노래를 흥얼거리게 된다. 한국에서는 첫눈이 오는 날이면 첫눈을 축하하는 전화 통화량이 하도 많아서 전화국 통신이 *마비될 정도라고 한다. 또 방송국 프로그램에서는 첫눈에 관한 음악이나 추억거리들을 실어 보내면서 자연에 동화되는 정서를 표현한다.

오늘날 '한류(韓流)', '케이팝(K-POP)'이라는 말이 생겨날 정도로 한국의 드라마와 노래와 춤 등이 전 세계에서 인기를 누리는 것 또한 좋은 계절에서 오는 한국인들의 감수성이 반영된 것이다. 영화에 배경으로 나오는 한국의 사시사철과 산과 바다, 섬 등의 모습은 한 폭의 그림 같아서 관객으로부터 감동을 자아내게 한다. 실제로 영화 촬영지가 좋은 관광지로 각광을 받아서 사람들이 붐비는 것도 영화 속 자연을 배경으로 하여 주인공처럼 동화되려는 심리일 것이다.

셋째, 부지런한 근면성을 지니게 되었다.

사계절이 뚜렷하다 보니 한 계절의 시기가 비교적 빨리 지나간다. 자칫 그 농사

시기를 놓치면 한 해 먹거리를 망치기 때문에 부지런히 계절에 맞추어 움직인다. 이를테면, 오늘 비가 와서 비와 더불어 술을 마시며 노래를 즐겼다하더라도 내일이 음력으로 '파종(播種)' 하는 날이라면 다 같이 들에 나가서 씨를 뿌리고 밭을 매며 농사시기를 놓치지 않는다. 한국에서는 농사를 지을 때 사계절을 다시 각각 6등분한 24절기(二十四節氣)를 기준으로 하는데 이 시기를 놓치지 않고 농사일을 하다 보면 결국 부지런한 근성도 함께 길러지게 되는 것이다.

제3과 행정구역과 인구

1. 행정 도시

  한국의 행정 조직은 1특별시, 6광
역시, 9도(道)로 되어 있다. 서울특별
시와 부산광역시, 대구광역시, 인천
광역시, 대전광역시, 광주광역시, 울
산광역시 등이다. 그리고 도(道)는
경기도, 강원도, 충청북도, 충청남
도, 경상북도, 경상남도, 전라북도,
전라남도, 제주도가 있다.

행정지도

서울특별시, 인천, 경기도

밤낮 쉼 없이 활기차고 바쁜 모습의 도시!

'한강의 기적'을 이룬 한국 경제의 젖줄기가 유유히 흐르는 도시!

이것이 한국의 심장인 수도 서울의 모습이다. 서울은 한국의 정치, 경제, 문화의 중심지다. 동시에 88 올림픽과 2002년 월드컵대회가 개최된 세계적인 도시이다. 지금은 매우 현대화된 도시로만 보이지만 서울은 1394년부터 *도읍지가 된 이래 600여 년의 역사를 간직한 오래된 도시다. 도심의 빌딩 숲 속에서도 고궁과 유적지가 군데군데 있어서 옛것을 *향유할 수 있는 전통과 현대가 잘 공존하고 있다.

서울은 한강과 북한산을 끼고 있는 좋은 풍수지리(風水地

밤에 본 남산의 서울타워

도시의 여유를 느끼게 하는 한강

理)를 갖춘 곳이다. 서울을 찾는 외국인들에게는 한강이 매우 인상적이라고 한다. 세계 여러 나라의 수도 중에서 한강처럼 큰 강이 도심 한가운데를 흐르는 모습은 드물어서 그렇다고 한다. 1000만 서울 시민들에게 한강은 바쁜 숨을 고르게 하고 도시의 *삭막함을 잊게 해주는 자연의 아름다운 선물이다.

인천은 황해의 관문도시로 예부터 중국이나 외국과의 교통이 활발하였다. 서울 주변의 제1공업도시로서 생산과 물류에 유리하여 서울과 인천을 잇는 철도가 가장 먼저 생긴 지역이기도 하다. 아시아에서 손꼽힐 만큼 큰 인천국제공항이 있어서 그야말로 국제도시로서의 면모를 잘 갖추고 있다.

부산, 대구, 경상남북도

'사과와 미인의 고장' 경상도는 과거 신라 시대의 역사가 흐르는 곳이다. 일명 영남지방이라 부르며 대구는 경상북도의 중심도시로 사과와 섬유산업이 유명하다. 대구 주변에는 낙동강이 흐르는데 강물이 좋아서인지 사과 때문인지 한국에서는 대구 여성들 중에 미인이 많다고 한다. 부산은 한국에서 서울 다음으로 큰 도시다. 해운대 해수욕장으로 유명하며 수산업이 발달한 곳이다. 바다를 낀 아름다운 자연으로 해마다 부산국제영화제가 열린다.

광주, 전라남북도

'맛과 소리의 고장' 으로 통하는 전라도는 한국의 서남쪽에 있다. 호남지방이라고도 부르는데, 예로부터 평야가 넓게 차지하고 있어서 쌀 생산량이 많은 지대이다. 또 바다를 접해 있어서 농산물 뿐 아니라 해산물도 풍부하다보니 음식문화가 발달되었다. 한국에서는 맛으로 소문난 음식점의 주인은 대부분 전라도 사람이라 할 정도다. 또한 음식 뿐 아니라 판소리, 민요 등 예술이 발달하여 예로부터 예향(藝鄕)으로 불린다. 광주가 대표 도시로 이곳에서는 해마다 광주김치축제가 열린다.

강원도

'산과 바다의 관광지' 강원도에는 설악산, 태백산 등 아름다운 산이 많다. 산과 동해 바다를 접하고 있어서 서울 사람들이 즐겨 찾는 여름 *피서 관광지로 유명하다. 겨울에는 눈이 많이 와서 스키와 같은 겨울스포츠가 활발한 곳이다.

충청남북도

'백제의 도읍지'인 충청도는 낙화암과 같은 역사 유적지가 많으며 독립기념관이 있는 곳이다.서울 수도권과 영 · 호남이 만나는 지역으로 예부터 교통의 중심지였다. 대전은 그 중심도시로 교통의 요지다.

제주도

'이국적인 휴양지' 제주도는 한국에서 가장 큰 섬이다. 화산으로 생긴 섬이라 용암 흔적으로 생긴 산과 동굴의 모습이 독특하다. 해양성 기후로 일 년 내내 따뜻하다. 봄에는 섬 주변이 온통 노랗게 물들 정도로 유채꽃이 만발하는 반면에 한라산 정상에는 녹지 않는 하얀 눈이 덮여있어 대비되는 풍경 또한 제주도만의 아름다움이다. 이처럼 이국적인 풍광을 띠다보니 제주도는 신혼여행지로 인기다. 현재 국제관광특구로 지정된 천혜의 휴양, 관광지이다.

2. 행정 시설

　행정구역으로는 특별시, 광역시, 도(道)아래 단위는 시(市), 구
(區), 군(郡)이 있고 그 아래에 동(洞)이나 면(面), 읍(邑), 리(里)가
있다. 일반적으로 도시 생활에서 가장 기본 행정단위가 동사무
소(주민센터)이다. 이곳에서 주민들은 주민등록증을 발급받기도
하고 이사를 오가거나 하면 전출입 신고도 하고 병역신고를 하
는 등 실제로 정부의 행정 서비스를 직접 받는 곳이다. 요즘은
인터넷의 발달로 자신이 살고 있는 동사무소에 가서 직접 서류
를 발급받지 않고도 전국 어느 동사무소에서나 필요한 민원을
발급받을 수 있는 편리한 행정으로 되어있다.

　한국인은 17세 이상이면 주민등록증이라는 신분증을 가져야

주민등록증　　　　　　　　　　대한민국 신분증

외국인등록증 앞면　　　　　　　외국인등록증 뒷면

한다. 2008년부터 호주제 폐지로 가족관계등록제도가 생겼다. 가족관계증명서나 혼인관계증명서 등이 이곳 동사무소에서 *발급된다. 앞으로는 주민등록증이 대한민국신분증이라는 이름으로 새로 바뀌어 나올 예정이다.

동사무소 외에 기초적인 공공시설은 경찰서, 소방서, 우체국 등이다. 최근 다문화 가정이 많아짐에 따라 외국인에 대한 정책이 다양해지고 있는데 그 관할은 출입국외국인정책본부(http://www.immigration.go.kr)이다. 한국에서 90일 이상 체류하려는 외국인은 외국인등록증을 발급받아야한다. 자신이 살고 있는 주소지의 관할 출입국관리사무소에서 발급받으면 된다. 또한 전화 1345번의 외국인종합안내센터가 있어서 한국에 사는 외국인들이 여러 가지 도움을 받을 수 있다. 18개 외국어로 상담 서비스를 하고 있다.

그 밖에도 *긴급 도움을 구하는 전화번호는 119이다. 외국이나 지방에 소포를 부치려면 우체국에 가도 되고 집에서 전화만 하면 소포를 전달하는 *택배운송 회사를 이용해도 편리하다.

3. 인구

한반도의 남북한 전체 인구는 7000만 명이 넘는다. 북한을 제외한 한국(남한)의 총인구는 50,004천 명으로 세계 20위의 인구 규모다. 인구밀도(명/km²)는 방글라데시, 대만에 이어 세계 3, 4위를 기록하고 있다.

특히 서울은 사람들로 더 복잡하다보니 간혹 길을 가다가 부딪히기도 한다. 그럴 때 크게 '잘못했다' 라기보다는 서로 가볍게 양해를 구하는 편으로 이해하는 것도 인구밀도가 높은 데서 오는 모습일 것이다.

인구 구조는 1950년대까지만 해도 다산(多産)형의 피라미드 구조였다. 이후 한 국의 빠른 경제 발전과 가족계획사업을 추진한 결과, 출생률이 크게 감소되고 노 령 인구가 늘어나는 선진국형 구조가 되었다. 요즘은 한 가정에 자녀가 *한둘로 구성된 핵가족화가 일반적이다.

남녀의 비율은 101.6 : 100.0으로 남자가 조금 많다. 앞으로는 남아 선호도가 점점 줄어드는 사회 현상과 남성의 평균 수명이 더 짧은 이유로 여자가 남자보다 많아질 전망이다.

한국인의 평균수명은 2006년 이후 79.1세이다. 남자 77.3세, 여자 84.0세로 여 자가 남자보다 7년 더 오래 사는 것으로 나타났다.

결혼 연령도 갈수록 높아지고 있다. 통계청에 따르면 1990년대까지만 해도 평 균 결혼 연령이 남성이 27.8세, 여성은 24.8세로 조사됐다. 2006년도엔 남성이 30.9세, 여성이 27.8세로 3년 정도 늦어졌다. 이는 젊은이들의 취업 연령과 연관 이 있다. 한국인 평균 취업 연령은 27세이다. 특히 남성들은 군인으로 의무 복무 기간도 마치고 대학도 졸업하기 때문에 취업 연령이 늦다. 여성들도 대학 졸업 후 취업하는 것을 당연히 여기는 의식구조로 많이 바뀌게 됨으로써 결혼 연령이 점 차 늦어지고 있다.

exercises

01 다음 사항을 읽고 그 설명이 맞으면( ) 안에 O, 틀리면 X를 하시오.

1) 한국은 산이 많아서 사방 어디서나 산을 볼 수 있을 정도다. (　)
2) 한강은 서울 중심을 거쳐서 인천 앞바다 서해 쪽으로 흘러들어간다. (　)
3) 한국의 여름에는 비가 적다. 반대로 겨울엔 비가 많다. (　)
4) 한국은 인구밀도가 높지 않아서 사람들이 시골에는 매우 적다. (　)
5) 한국의 동해 바다에는 울릉도와 독도가 있다. (　)

02 다음 설명에 알맞은 지역을 보기에서 골라 (　)안에 기호를 써 넣으시오.

> **보기**　ㄱ. 서울　ㄴ. 제주도　ㄷ. 전라도　ㄹ. 인천　ㅁ. 대구, 부산광역시

1) 한국의 심장, 한강의 기적과 88올림픽을 이룬 도시 (　)
2) 황해의 관문, 국제공항 도시, 제1공업 도시 (　)
3) '한국의 곡창지대' 라고 하며 음식이 맛있기로 소문난 고장이다. (　)
4) 화산으로 생긴 섬이라 매우 이국적인 휴양관광지며 한라산이 있다. (　)

03 한국 국민은 17세 이상이면 '이것' 이라는 신분증을 가져야한다. 이것은 무엇입니까? 또한 외국인들이 장기체류할 때 받아야 할 신분증은 무엇입니까?

04 날씨가 한국인에게 미치는 영향을 아는 대로 쓰시오.

05 한국은 예로부터 '산 좋고 물 좋은 나라' 라고 했다. 그 이유를 식습관이나 생활 속에서 사례를 찾아 설명해봅시다.

어휘 알아보기

- **북적댈/북적대다**: 많은 사람이 모여 수선스럽게 뒤끓다.

- **새어/새다**: 구멍 · 틈으로 조금씩 흘러나오다.

- **음용수(飮用水)**: 마시는 물. 음료수.

- **급원(給源)**: 공급해 주는 원천. 공급원.

- **곡창(穀倉)지대**: 곡식이 많이 나는 지방을 가리키는 말.

- **인파(人波)**: 많이 모여 움직이는 사람의 모양이 물결같이 보이는 상태.

- **무인도(無人島)**: 사람이 살지 않는 섬.

- **황사(黃沙 · 黃砂)**: 봄철에 중국으로부터 불어오는 누른 모래 바람.

- **토해낸다/토(吐)하다**: 게우다. 입으로 뱉다.

- **탈**: 사고나 병(病)

- **탐하며/탐하다**: 지나치게 욕심을 내다.

- **마비(麻痺)**: 사물의 기능이 정지되거나 소멸되는 일.

- **도읍지(都邑地)**: 서울로 정한 곳. 도읍으로 삼은 곳.

- **향유(享有)**: 누려서 가짐.

- **삭막함**: 황폐하고 쓸쓸함.

- **피서(避暑)**: 선선한 곳으로 옮겨 더위를 피함.

- **발급(發給)**: 증명서 따위를 발행하여 줌.

- **긴급(緊急)**: 일이 긴요하고도 급함.

- **택배(宅配)**: 짐 · 서류 따위를 요구하는 지점까지 배달함. 문 앞 배달.

- **한둘**: 하나나 둘쯤 되는 수

Chapter

3

가족과 예절

한국인은 왜 나이부터 묻지요?

제1과 한국가족의 특징

1. 효도(孝道) 중심

〈효녀 심청전〉이라는 옛이야기가 있다.

이 이야기는 눈 먼 아버지를 위해 어린 딸이 목숨을 바쳐 아버지를 섬기는 내용이다. 이런 옛 이야기를 통해서 한국인은 가족을 '자식이나 부모를 위해서는 목숨을 바칠 수 있는 운명공동체'로 여긴다는 것을 알 수 있다.

2005년 한국의 모 언론사에서 조사한 외국인 눈에 비친 한국인들의 가족 개념은 대체로 다음과 같았다고 한다.

가족에 대한 중시는 다른 나라에 귀감이 될 정도로 한국인들이 자부심을 갖고 있는 부분으로 보인다. 가족에 대한 숭배와 책임감은 연령, 성별, 빈부차이, 지위 고하를 막론하고 사회 전반에 걸쳐 하나의 지침이 되고 있다. 그것이 한국

단란한 가족의 모습

을 하나의 강한 공동체 윤리로 연결하는 매개체로 보였다.

　한국의 전통적 가족의 특징은 조선시대의 유교 영향이 적지 않았다. 유교윤리에서는 '가화만사성(家和萬事成)'이라 하여 가족이 평안해야 나라도 융성해진다고 할 만큼 가족과 가정생활을 중시하였다. *가부장과 윗사람 중심의 규범과 효를 중요시한 가족 특징은 오늘날까지 전해진다. 예컨대, 지하철에는 반드시 *경로석이 있어 노인의 자리를 비워두고 있으며 노인들에게는 교통비도 받지 않는다.

　이처럼 한국인들은 예부터 자식이 부모를 섬기는 효도(孝道)를 매우 중요한 인간 덕목으로 평가하여 지금까지 강하게 지키고 있다. 인간이 짐승과 다른 것은 낳아준 부모님께 감사하고 공경하는 것이 마땅한 도리라고 여겼다. 평소 아침저녁으로 부모님께 문안인사를 드리며, 부모님이 돌아가신 후에도 장례와 제사를 극진히 지내야 복을 받는다고 생각했다. 어떤 사람들은 부모가 돌아가시면 그 묘소 옆에 움막을 짓고 3년 동안 지키기도 하였다. 효는 가족을 넘어 사회, 국가의 기본 윤리로 번져서 농민은 부지런히 농사지어서 부모님을 모시고 나라에 세금을 잘 바치는 것이 효의 길이라고 여겼다.

효도를 부모자식간의 책임과 의무의 관계로서 굳이 해석해본다면, 한국은 부모가 자식을 오래 힘껏 돌보고 늙으면 그 자식이 부모를 책임지는 구조이다. 즉 한국의 부모들은 자녀가 대학을 졸업하고 결혼을 할 때까지 자녀의 경제적 지원을 아끼지 않는다. 이후 자식이 사회경제적 기반을 잡고 나면 그제서야 부모는 자식에게 기대어 그들의 효도를 받으며 일생을 마치는 것이 일반적인 모습이다. 반면 서양에서는 대학을 갈 나이가 되면 경제적으로 독립을 해서 학비를 손수 마련한다. 그 대신 부모가 늙었을 때 부모에 대한 부양책임이 약하고 대신에 국가가 사회복지차원에서 노인문제를 해결한다. 그런데 대다수 나라가 후자여서 그런지 다른 나라 사람들은 한국인의 가족 특성을 부러워한다고 한다. 손자 손녀랑 한 가족 3대가 어울리면서 미운정 고운정이 드는 것을 보면 그것이 인생이고 사람 사는 것이라는 평범한 진리 앞에서 말이다.

2. 윗사람 중심과 서열의식

"한국인은 왜 나이부터 묻나요?"

종종 외국인들은 이런 질문을 한다. 그들이 생각하기에는 처음 만난 사람에게 나이를 묻는 것은 실례라고 여기기 때문일 것이다. 한국 사람들은 호칭할 때 이름을 잘 부르지 않는다. 대신에 나이나 직분 등을 알아서 그것에 맞는 호칭을 하는 것이 언어 예절이요, 관습이다.

이 같은 관습은 대가족 구조와 조선시대의 유교 영향이라 할 수 있다. 예전에는 한 가족 뿐만 아니라 한 마을이 모두 혈연 친족집단이었다. 대가족 집단은 최고 *연장자인 윗사람(어른)이 중심이 되었다. 어른은 힘든 농사일의 지혜도 알려주고 대가족 구성원들의 결혼이나 장례 등 생활의 다방면에서 책임지며 삶을 이끌고 나간다. 유교에서도 어른을 통해 가정 안에서 지혜와 덕망을 잘 배워야 사회에서 바른 사람이 된다고 가르쳤다.

나이가 많은 어른 중심의 가족 특성은 장유유서 즉 위,아래 서열의식이 강조되었다. 자신보다 나이가 많으면 어른의 이름을 함부로 부를 수 없는 것이 언어 예절이었다. 그래서 이름보다는 촌수를 따져서 사촌 형, 아저씨, 외숙모 등 친족관계의 호칭을 써서 예의를 갖춘다. 이러한 관습이 사회생활에도 그대로 적용된다. 한국인은 처음 만나면 우선 나이를 알아보고 그것에 맞는 예절을 갖추려고 하기 때문이다. 말하자면 자신보다 연장자이면 그것에 맞는 말씨와 인사와 태도를 선택해야 하기 때문이다. 그러다보니 한국인은 아무리 낯선 사람끼리라도 일단 *통성명을 하게 되면 우선 나이를 따져보게 된다. 자신보다 나이가 많으면 이름을 부르는 것이 실례되므로 적절한 관계 호칭을 골라서 형님, 선생님, 사장님, 아줌마 등으로 부르게 된다.

또한 호칭 뿐 아니라 한국어에는 존칭어미가 발달되어 있어서 존댓말까지 써야 언어예절에 맞다. 만약 같은 학교에 다니는 후배는 자신보다 한 학년 위의 선배에게도 존댓말을 해야 한다. 군대에 가서도 비록 몇 달을 일찍 입대해도 엄연히 존댓말로 대해야 함이 한국 사회의 불문율인 것이다. 이럴 때 '찬물에도 순서가 있다' 라는 속담을 떠올려 본다.

뿐만 아니라 한국인들의 윗사람 중심 예절에는 태도까지 공손하게 따라가야 한다. 인사를 할 때도 그냥 입으로만 하지 않고 허리를 숙이거나, 술을 마실 때도 어른들 앞에서는 고개를 옆으로 돌리거나 하는 등을 볼 수 있다. 담배는 자기보다 연장자 앞에서는 피우지 않는다. 손윗사람이 들어오면 일어서서 맞이한다. 이러한 윗사람 중심의 서열의식과 예절은 가정과 사회에 충성과 순종으로 단결화합하게 한다. 반면에, 체면치레나 권위주의적 사고를 하게 되어 평등한 대화나 자유로운 토론에 걸림돌이 되기도 한다.

3. 가부장 중심과 남녀유별 의식

'남자는 하늘, 여자는 땅'

불과 50여 년 전까지만 해도 한국 사람들은 이러한 가부장(家父長)적 가치관을 갖고 있었다. 남자와 장남 위주의 가치관은 조선시대 때 확고하게 굳어져 오늘날까지 한국인의 의식에 알게 모르게 깔려있다고 해도 과언이 아니다. 90년대 유행해서 한류 드라마의 원조가 되었던 〈사랑이 뭐길래〉의 대발이 아버지는 요즘 가정에서도 잠재되어 있는 한국형 가족 모습이기도 하다.

가부장제는 부계(父系)가족 형태이다 보니 자녀는 아버지 성(姓)을 따른다. *호주상속이나 재산상속의 순위에 있어서 남자가 절대적 우선이었다. 친척 간에도 부계를 중시하였고 외가나 처가는 현저한 차이를 두었다.

따라서 가부장 사회에서는 여성의 지위와 역할은 매우 낮았다. 여성은 오직 현모양처(賢母良妻) 역할에 집중되었다. 특히 여성은 가문의 대를 잇는 아들을 낳아야 한다는 책임이 컸다. 이것은 남아선호(男兒選好)사상과 아이를 많이 낳는 풍습의 원인이 되기도 했다. 또한 '암탉이 울면 집안이 망한다'와 같은 속담으로 여성에게는 순종의 예절을 가르쳤다. 여자가 집 안에서 큰 소리를 내지 않음은 물론이요, 남의 집에 아침 일찍 방문하는 것도 실례였다. 마찬가지로 남자들이 처자식을 자랑하면 남성답지 못하다고 여겨서 일부러 남들 앞에서는 자기 아내를 낮추는 것이 예의이기도 하였다. 또 남자가 부엌에 들어가면 '고추 떨어진다'며 아예 부엌 근처에도 못 오게 하여 남자가 여자의 일을 돕는 것이 사내대장부(大丈夫)답지 않다고 은연중에 교육하였다.

그런데 이런 전통적인 가치관은 1960년대 이후 급속한 공업화와 도시화로 대가족이 자연스럽게 핵가족 형태로 되면서부터 바뀌기 시작했다. 또한 인구 정책으로 '딸,아들 구별없이 둘만 낳아 잘 기르자'는 가족계획에 힘입어 출산율이 현저하게 감소하게 되었다. 자연히 여성의 경제활동 증가로 인한 직업과 결혼에 대한 의식변화가 일어나게 되었다. 여성도 남성과 동등한 교육을 받고 경제적 활동이 일반화됨에 따라 남자가 가부장적 권위를 내세우기 보다는 남녀가 서로 협동하는 모습으로 변해가고 있다.

한편, 전통적인 가족 형태가 변화됨으로써 최근에는 가족법도 개정되었다. 장자 중심의 호주제와 재산상속이 폐지되었다. 이처럼 현대 가족은 외형적인 면에서 많이 변했다. 하지만 가부장적 가치관은 한국인들의 의식 속에 여전히 남아있다.

4. 가족공동체 중심과 '우리' 의식

한국의 농촌풍경을 보자.

나지막한 산자락 밑에 옹기종기 모여 있는 마을을 흔히 볼 수 있다. 50가구도 채 안 되는 작은 마을들이 있고 조금 떨어진 곳에 그런 마을이 또 있다. 대부분 '같은 할아버지 자손' 즉 대가족 제도에서 형제들이 결혼으로 분가하여 아버지 집 옆에, 혹은 장남의 옆집에 자신의 울타리를 만드는 형태가 퍼져나가 마을을 형성했다. 이를테면 같은 핏줄과 성씨를 함께 나눈 친족공동체 마을인 것이다. 요즘도 농촌에는 마을 사람들끼리 같은 성씨를 가진 곳이 대부분이다. 윗마을에는 박씨 성(姓)을 가진 사람들이

한국의 농촌풍경

주로 살고 아랫마을에는 파평 윤씨들이 주로 살고 하는 식의 친족공동체를 이루고 있다.

농경 정착 사회에서 한 마을 사람들 모두가 같은 할아버지 아래서 생겨난 자손들이니 서로 상부상조 하는 정신이 일찌기 발달하였다. 그것은 벼농사에 필요한 노동력을 높이고 생산도 늘어나게 하였다. 바쁜 농사철이면 집집마다 돌아가며 모를 심고 추수하는 등 서로 도와서 일을 마쳤다. 제사를 지내거나 무슨 일을 할 때도 자주 만나서 혈연관계의 정을 더욱 돈독하게 하였다. 이렇게 함으로써 자신만의 개인적 삶의 영위보다는 공동체 안에서 자신의 역할을 수행하고 보호받는 삶을 누릴 수 있었다.

그러므로 농경사회와 친족공동체 구조는 한국인의 삶의 방식으로서 수 천 년을 내려온 것이었기에 한국인을 이해하는 데 매우 중요하다. 오늘날은 상부상조하여 농사일을 하는 사회가 아님에도 불구하고 여전히 한국인의 의식 속에는 혈연공동체끼리 도와야 한다는 정신이 강하게 남아있다. 만약, 가족 중에 누가 결혼이나 상(喪)을 치르게 되면 집안 친척들이 부조금(扶助金)을 전달하여 일을 순조롭게 치를 수 있도록 도와준다. 또 시골에 사는 김씨 가문의 아들이 총명해서 좋은 대학에 합격했다고 하면 그 마을의 사람들은 돈을 모아서 장학금을 마련해주기도 한다.

이러한 공동체 의식은 집안이나 가문을 넘어 사회나 국가조차도 하나의 가족으로 간주하는 개념으로 확대되었다. 이것이 '우리' 의식이다. 특히 '우리' 의식이 더 강화된 것은 조선시대 유교적 관습으로 내 가정, 내 집안 등이 개인보다 더 중시된 데서도 찾아볼 수 있다. 당시 사회에서는 과거 시험에 합격하면 그 가문에 명예로운 일이 되는 것이다. 반면, 어느 가문에서 임금에 대항한 역적죄를 지으면

본인의 직계와 외가와 처가 즉 삼족(三族)을 멸하는 식으로 가문에게 그 연대 책임을 지게 하였다. 몇 년 전에는 '가문(家門)의 영광'이라는 영화가 있었는데 이 영화가 뜨자 '가문의 위기'라는 제목의 영화도 나왔다. 그만큼 한국인에게는 개인보다 '우리'라는 가족집단을 위해 죽고 사는 혈연 운명공동체의 삶을 살아왔다고 할 수 있다. 한국경제가 6.25 동란의 폐허 속에서 불과 30여년 만에 '한강의 기적'이라 할 정도로 경제가 발전한 것도 이런 가족공동체적 '우리' 의식이 작용했다고 본다. 말하자면 회사 일을 자기 집안일처럼 열심히 한 결과였다고 할 수 있다. 회사란 일의 대가로 월급을 받는 곳이지만 한국 회사들은 가족이라는 정서로 설득하기를 좋아한다. 사원들을 교육할 때 말끝마다 '우리는 한솥밥을 먹는 식구이니 함께 고락(苦樂)을 같이하자'고 한다. 그만큼 결속이 좋아지고 생산성도 늘어난다는 것이다.

이런 '우리'라는 공동체 의식이 오늘날에도 두 가지 큰 사건으로 입증되었다. 그것은 바로 1997년 IMF 외환위기를 맞았을 때 온 국민이 '금 모으기' 행사에 참여하여 외환위기를 빠르게 극복할 때와 2002년 한일월드컵에서 온 국민이 붉은 옷을 입고 나와서 응원하는 모습에서다. 당시 외국 언론에서는 활활 타오르는 한국인의 애국심이라고 했다. 단순히 '애국심'이라는 말로는 부족할 정도로 한국인에게는 더 깊은 정서가 흐르는데, 그것은 '나라의 일이 바로 내 집 일'처럼 느껴져서 똘똘 뭉치게 만드는 '우리' 의식이 그것이다. 월드컵 때 4강에 올라가자 기분이 좋아진 한국인들 중에는 자신이 운영하는 가게의 물건을, 음료수를, 혹은 음식을 공짜로 서비스 하는 일도 많았다는데 그런 사실이 이를 말해준다.

한편, '우리' 의식의 부정적인 면은 배타성이다. 더욱이 한국은 남의 나라와의 크게 교류하지 않고 살았던 역사적 배경으로 낯선 사람에게 먼저 다가가는 것을 어색해한다. 하지만 한국인은 정(情)이 많은 민족성을 가지고 있다. 또 '내 집에 온 손님에게 정성을 다한다' 라는 의식이 전통으로 내려오기 때문에 한국인은 친절한 편이다. 최근 한국에는 국제결혼의 다문화 가정과 외국인 유학생, 노동자 등이 급속히 늘어나고 있다. 이제 한국인은 서로가 다른 문화를 수용하는 열린 공동체 의식을 발휘해야한다. 오늘날 지구촌이 한 가족이라는 개념 하에서는 각 국가의 전통적인 면을 계승하면서도 세계인이 함께 화합하는 지혜가 필요한 때이다.

'다문화 가족' 관련 웹사이트

1. 출입국 외국인정책본부 http://www.immigration.go.kr
2. 다문화열린사회   http://www.multicos.co.kr
3. 외국인종합지원서비스 서울글로벌센터   http://global.seoul.go.kr
4. 전국다문화가족사업지원단 http://mfsc.familynet.or.kr
5. 이주여성긴급지원센터 http://www.wm1366.or.kr
6. 샐러드TV 다문화방송국   http://saladtv.kr
7. 한국외국인근로자지원센터   http://www.migrantok.org
8. 경기도 다문화교육센터   http://www.cme.or.kr
9. 결혼이민자가족지원센터   http://ifamilynet.or.kr
10. 한국다문화센터   http://www.cmck.kr
11. 다문화가정 e-배움   http://ecamp.kdu.edu
12. 이주민과 실무자를 위한 네트워크   http://migrant.kr
13. 여성부   http://www.moge.go.kr
14. 보건복지가족부   http://www.mw.go.kr
15. 한국이주여성인권센터   http://www.wmigrant.org
16. 한국이주민건강협회   http://mumk.org
17. 한국다문화가정연대   http://www.comfa.org
18. 무지개청소년센터   http://www.rainbowyouth.or.kr
19. 어울림 다문화가족센터   http://eulim.org
20. 이주민방송   http://www.mntv.net

제2과 가족관계와 예절

1. 친족관계

한국말의 가족관계 호칭을 보자.

'삼촌, 작은 아버지, 숙모, 작은 어머니, 이모, 외삼촌, 조카……' 등 아주 다양하게 세분화 되어 있다. 외국인이 한국말을 웬만큼 잘 한다 해도 가족호칭에는 헷갈리기 일쑤다.

친족을 요즘 사람들은 '친척(親戚)', 혹은 '일가(一家)' 또는 '집안(堂內)'이라고 부른다. 원래 친족이란 말에는 개인을 중심으로 아버지 쪽이 '본가(本族), 어머니 쪽의 외가(母族), 아내 쪽의 처가(妻族)'라 하여 삼족(三族)을 뜻한다. 조선시대 중반부터 가부장 영향이 강해져서 아버지 쪽 8촌 안에 드는 사람을 친족이라 부르게 되었다. 모계 쪽은 4촌까지, 처가 쪽은 처의 부모님인 장인, 장모만 넣어 형식적으로는 친족에 넣었지만 일반적으로는 '우리 친척이다' 라는 말에는 *고조부 아래 집안 자손들이 함께 제사를 드리는 부계 쪽 친족 범위를 뜻하는 말로 통용된다.

설이나 추석 명절에는 한 집안으로서 고조부까지는 차례(茶禮)를 올렸다. 고조부를 넘은 조상들에 대한 제사는 시제(時祭)라고 하여 매년 10월 중에 한꺼번에 제사를 지내기도 한다. 시제를 같이 올리는 사람들을 문중(門中)이라한다. 문중에서는 직계 자손 중에 대대로 이어온 맏아들을 종손(宗孫)이라 하여 문중의 대표로 내세운다.

부계의 혈연이 문중보다 더 넓어지면 동성동본(同姓同本)의 집단이 된다. 동성동본이면 이미 수십만에 이르러 서로 아무런 교류가 없지만 적어도 한 조상에서 유래하였으므로 서로 간에 결혼을 할 수 없다. 부계 친족과는 혼인하지 않는 관습이 엄격한 규범으로 지켜져 온 것이다. 이것은 다른 핏줄이어야 건강한 자손을 생산한다는 데서 비롯된 조상들의 지혜라고도 할 수 있다. 최근엔 저출산 증가, 여성의 사회진출 활발 등으로 동성동본법 폐지 등 가족법도 시대에 따라 변하고 있다.

2. 촌수

한국에는 친족관계를 촌수(寸數)로 표시한다.

자신과 얼마나 멀고 가까운 친척인지를 나타내는 혈연 계산 체계이다. 촌수는 12세기 고려시대부터 시작된 것으로 추정하고 있다.

촌수 계산은 자신을 중심으로 부모와 자식 사이의 관계를 한 마디(寸)로 간주하여 계산한다. 나와 부모 사이는 한 마디로 1촌이다. 직계 친척의 경우에는 한 세대당 1촌씩 멀어진다. 방계친(傍系親)인 형제자매관계는 2촌이다. 가령, 숙부의 아들

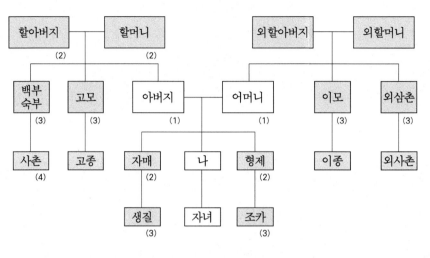

'나'를 중심으로 한 친족 계보표

과 나는 4촌간이 되며, 아버지의 사촌 형제가 나에게는 5촌 당숙이 되며, 그 자녀들과는 6촌이 된다. 요약하면, 촌수에서 짝수 2, 4, 6, 8은 나와 같은 '항렬(行列)'이라고 하여 형제뻘이 되는 것이다. 홀수 1, 3, 5, 7은 나의 윗 항렬(아저씨) 아니면 아래 항렬(조카)의 사람들이다. 외가 쪽과 처가 쪽도 그대로 촌수가 적용되고 앞말에 '외사촌'이나 '처삼촌'이라고 하듯 '외, 처'라는 말을 붙여주면 된다. 각 명칭에서 아버지를 기준으로 형님은 백(伯), 동생은 숙(叔), 여형제는 고(姑), 어머니의 여형제는 이(姨)라는 말들을 붙여서 호칭한다. 부부관계는 혈연이 아니기에 촌수가 없다. 그래서 잘 살다가도 헤어지면 남남이라 한다.

한국은 적어도 고조부까지는 호칭과 존칭어가 구분되어 쓰인다. 그래서 일가친척이라고 하면 부계쪽 8촌까지를 말하며 조상제사를 계기로 빈번한 접촉을 유지한다. 하지만 이 범위를 넘어 혈연관계가 더 멀어지면 접촉의 기회도 줄어들어 더 이상 촌수를 *따지지도 않게 된다.

이와 같은 한국의 촌수와 호칭법은 세계 어느 나라에도 찾기 어려운 한국가족의 특성이요, 독창적인 가족문화라고 할 수 있다. 같은 아시아권인 중국도 친척의 범위만 표시한다. 말하자면 아버지 쪽은 '당(堂)'으로 표시하고 외가 쪽은 '표(表)'를 써서 표현하는 정도이다. 예컨대, '탕거'는' 친척 형님' 이라는 말로 일반적으로 6촌까지 두루 사용된다. 그래서 나와 사촌인지 육촌인지 한국만큼 촌수가 명확하지 않다. 미국은 조부 이상의 어른에 대한 호칭이 없다. 또 여자 쪽, 남자 쪽의 구분이 없이 같은 호칭을 사용한다.

3. 돌림자 이름

한국인의 이름은 보통 3자이다.

첫 자는 혈연인 성(姓)씨이고 뒤의 두 자는 한자를 차용한 이름이다. 한국인은 이름을 짓는데 매우 신중하다. 특히 조선시대 가부장제에서는 남자들의 이름을 함부로 짓지 않았는데 그것은 이름 자에 촌수 항렬이 표시되는 '돌림자'를 넣었기 때문이다. '돌림자' 이름만으로도 친척관계에서 몇 대 손(孫)인지를 알 수 있도록 한 것이다.

전통 농촌사회에서는 아들이 중요한 노동력이었다. 또 가부장제의 영향으로 아들을 더 많이 낳고자 하였다. 그러다보니 만약 10명의 아들 형제가 있다면 제일 맏이와 막내는 적어도 20년 이상 나이 차이가 날 수 있다. 예전에는 시어머니와 며느리가 함께 출산을 했다는 말이 가능했다. 삼촌과 조카가 아무리 나이가 같아도 어린 삼촌은 엄연히 아버지뻘인 것이다. 가령, 아버지 성함이 '박상규'이고 '상' 자 돌림이다. 자신은 '박건종'으로 '종' 자 돌림이라고 하자. 그러면 친척 중에 백부나 삼촌 등은 아버지 항렬로 '박상식'과 같은 이름에 '상' 자 돌림자를 쓴다. 형제나 사촌, 육촌은 모두 '종' 자 돌림자를 써서 '박호종', '박면종' 등의 이름을 쓰는 것이다. 그러므로 비록 나이가 자신과 같아도 아버지뻘의 돌림자를 쓰면 자신보다 웃어른으로서 예를 갖추어 반드시 높임말을 쓰고 인사를 먼저 하며 좌석에 앉을 때도 상석에 앉는 등 어른대접을 해야 하는 것이 사회적 규범이었다.

따라서 돌림자 항렬(行列)의 이름은 가족집단의 결속과 가문 안에서도 친척간의 상하 서열과 예절을 지키는 수단으로써 매우 지혜롭고 과학적인 장치라 할 수 있다. 자녀들의 혼인에서도 가까운 친족 간에 혼인을 막는 등 세대의 번성과 집안의 융성에 뜻을 두고 있는 한국만의 독특한 가족제도며 문화인 것이다.

그러나 요즘은 한 가정에 한 자녀만 낳는 집이 많다보니 돌림자를 써서 친족 간의 위, 아래 사람 촌수 따질 일 자체가 사라지고 있다. 또 최근엔 순 한글이름을 즐겨 쓰는 가정이 늘고 있으며 기독교 영향으로 서양식 세례명을 그대로 이름으로 쓰기도 한다. 돌림자의 자연스런 붕괴는 곧 한국 사회의 예절규범의 약화를 상징하기도 한다. 이것은 나이나 서열보다는 인격적 평등 의식을 심어주는 좋은 부분도 있지만 갈수록 버릇없는 무례한 사회가 될까봐 걱정하는 기성세대도 적지 않다. 그래서인지 아직도 몇 몇 보수적인 가문에서는 사람의 *됨됨이를 평하는데 있어 근본 조상을 살핀다는 의미로 성씨니 족보니 하며 뼈대 있는 가문을 들먹이기도 한다.

4. 성(姓)씨와 족보

한국 사람은 누구나 성(姓)·본관(本貫)·이름을 갖고 있다.

성과 본관은 가문을, 이름은 항렬로 가문의 대수를 나타낸다.
한국인들은 처음 만난 사람과 이름을 주고받을 때 본관이나 고
향을 말하기도 한다. 만약 성씨가 같고(同姓) 본까지 같으면(同本)
옛날에는 한 집안 친척이었다는 말이 된다.

한국의 성은 부계혈통 호칭이다. 현재 한국에는 360여 개의
성(姓)이 있으며 한자로 성씨를 표시한다. 일반적으로 한국에 많
은 3대 성씨로는 김(金), 이(李), 박(朴)씨를 꼽는다. 그런데 성씨
가 같다고 일가친척을 뜻하지 않는다. 반드시 본관과 결합해야
자기의 혈족을 표시할 수 있다. 본관(本貫)은 성을 이룬 최초 할

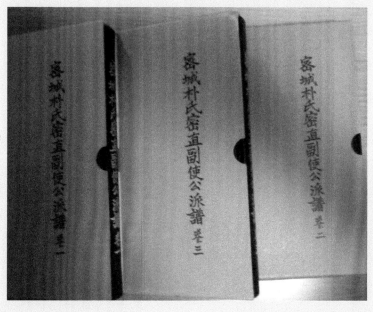

밀성(양)박씨의 족보

아버지의 거주지를 말한다. 곧 성씨의 고향이다. 김해김씨(金海金氏), 안동김씨(安東金氏) 등과 같이 본과 성이 같으면 비로소 같은 혈족인 것이다. 이런 본관에서 다시 자손이 분리되어 파(派)가 된다. 예를 들어 '전주 이씨 양녕대군파 19대손'은 본관이 전주이며 양녕대군의 19대 후손이라는 뜻이 된다.

한국에서의 성씨는 수백 년, 혹은 수천 년 동안 이어져 내려오는 가문과 혈통을 상징하는 자존심이었다. 그러므로 상대방의 성씨를 욕하는 것은 참을 수 없는 *모욕으로 받아들인다. 그러기에 일제강점기 때 일본에 의해 강요된 창씨개명(創氏改名)을 매우 치욕적으로 여겼던 것이다. 결혼을 할 때도, 같은 혈족인 동성동본은 혼인할 수 없으며 양반가문의 성씨냐를 엄격히 따졌다. 경상도 안동지방의 '안동김씨'는 아직도 양반 혹은 가장 보수적인 가문으로 칭하기도 한다.

조선시대 중기부터는 성씨의 시조로부터 집안의 계보를 정리한 책자를 펴기를 즐겼다. 이를 족보(族譜)라 한다. 일반적으로 동성동본(同姓同本) 씨족의 어느 한 조상으로부터 시작하여 그 자손을 빠짐없이 기재하고 있다. 대부분의 한국인들은 자기 성씨에 대한 족보를 간직하고 있다. 족보를 통하여 후손들은 자신의 뿌리를 확인하며 친척 관계를 알게 될 뿐 아니라, 집안의 명예를 위해 공부도 열심히 하는 등 삶의 의욕도 다졌던 것이다. 한편, 여자들의 이름에는 돌림자를 쓰지 않았는데 결혼 후 남편의 족보로 옮겨가기 때문이었다. 특별한 점은 한국 여성들은 결혼을 한 후에도 남편 성을 따르지 않고 자기 성씨를 유지한다.

현대 산업화 사회에서는 모두가 친족 공동체를 떠나 도시에 흩어져 살고 있다. 또한 자녀가 아들이든 딸이든 한, 둘만 낳는 경향이라서 성씨나 족보라는 친족 개념이 매우 줄고 있다고 할 수 있다. 특히 최근엔 호주제(戶主制)가 폐지되면서 오랜 전통이었던 부계(父系)쪽 성씨와 본관마저도 모계(母系)쪽 성을 따를 수도 있게 되었다.

그럼에도 불구하고 한국은 다른 나라에 비해 가족에 대한 결속과 친족관계의 틀을 비교적 잘 보존하고 있다. 또 전통 가족에서 규범으로 지켜 온 미풍양속(美風良俗)을 되살리고 이어나가서 기계문명 속의 고독한 현대인들에게 고향을 느끼게 하고 가족 같은 상호유대의 따뜻한 인간미를 계승하고자 한다. 한국의 드라마나 노래가 유행하여 '한류(韓流)' 바람을 일으킨 것도 드라마 속에 비쳐지는 한국의 가족 특성과 그 문화가 만들어낸 면이 많았다고 해도 과언이 아닐 것이다.

5. 인사 예절

한국인들은 호칭에 못지않게 인사 예법을 중시한다.

입으로만 '안녕하세요' 라고 하면 버릇이 없다고 생각한다. 전통적인 한국 예절에서는 말과 더불어 공손한 몸가짐이 함께 따라 움직여야 한다. 그래서 예전에는 '인사' 라는 말을 쓰보다는 '절을 한다' 라고 하였다. 절(折)은 허리를 숙이는 것으로 말과 몸이 함께 행하는 것이다. 인사에 따라가는 예절은 아래와 같다.

• 공수(拱手) : 두 손을 앞으로 모아 맞잡는 것을 말한다. 어른을 앞에서 공손한 자세를 취할 때와 의식행사에 참석할 때는 공수를 해야 한다.
• 목례 : 목을 가볍게 숙이는 인사다. 보통 어른 앞에 먼저 지나가거나, 승강기를 타고 내릴 때 등 가벼운 예의를 차릴 때 한다. 손윗사람을 만나면 손아래 사람이 먼저 인사를 한다.

- 절 : 방 바닥에 앉아있을 경우에 하는 인사법이다.

웃어른을 밖에서 만나면 방에 들어와 앉으신 다음에 절을 한다. 절의 종류에 평절과 큰 절이 있다. 평절은 문안이나 설날 세배 때 하는 간편한 절이다. 큰 절은 혼례나 제례 등의 의식 때 하는 엄숙한 절로서 남자는 두 번, 여자는 네 번이다.

제3과 돌, 결혼, 환갑, 제사

1. 출산 의례

한국 사람들은 생일날 아침에 미역국을 먹는 풍습이 있다.

이것은 출산과 관련된 풍습에서 나왔다. 아기가 태어난 지 만 1년이 되는 생일 의례를 돌잔치라 한다. 누구나 일생 동안 돌잔치부터 시작해서 결혼식이나 상례 등의 통과의례(通過儀禮)를 치른다. 한국에는 '관혼상제'라 하여 관례(冠禮) · 혼례(婚禮) · 상례(喪禮) · 제례(祭禮) 그 외 출산의례, 회갑례 등의 가정의례가 있다. 현재까지 생활에 반영되어 있는 가정의례는 조선시대의 영향이 많다. 모든 의례가 효(孝)를 근본으로 하여 자손이 대대로 번성하고 조상을 받드는 데 집중되어 있다. 또한 모든 의례는 음력을 사용하여 해마다 생일이 바뀐다. 요즘 젊은 사람들은 양력을 많이 씀으로 생일을 기억하기 좋지만 여전히 기성 세대들은 음력을 쓰는 편이다.

돌잔치상과 돌잡이 물건들

　　의학이 발달하지 못하였던 옛날에는 유아 사망률도 높
았다. 아내는 아들을 낳아 남편의 가계를 잇는 것이 마땅한
임무였기에 자손의 번성을 위해 출산의례가 중시되었다.
여인들은 자식을 잘 낳도록 '삼신(三神)할멈'에게 소원을
비는 풍습이 있었다. 이 할멈은 자식을 *점지해주는 여신
이라고 믿었다. 갓 태어난 아기의 엉덩이에 파란 멍(몽고반
점)이 있는 것도 삼신할멈이 얼른 세상에 나가라고 엉덩이
를 쳐서 그렇다고 믿었다.

　　아기를 낳은 후에는 고마움의 표시로 흰 쌀밥과 미역국
을 먼저 삼신께 올리고 산모가 먹는 풍습이 있는데 이는 삼
칠일(21일) 동안 계속된다. 그래서 한국인은 생일을 '미역
국 먹는 날'이라고도 말한다.

또 출산하면 집 대문에다가 금(禁)줄을 쳐서 부정한 것의 출입을 막았다. 이 줄을 대개 21일간 쳐놓는데 이 기간 이후에야 아기를 보러가는 것이 예의였다. 이러한 풍습은 인간능력으로는 어렵다고 생각되는 불행을 절대적 존재에 의존해서 막으려는 믿음에서 유래되었다.

이렇게 하여 태어난 지 1년이 되면 아기의 건강이 안심된다는 뜻에서 아이를 위한 축하의 돌상을 차려준다. 돌상에는 백설기와 수수경단, 송편과 국수 그리고 각양각색의 과일로 상차림을 하는데 그 하나하나에 의미가 깃들여있다. 백설기는 깨끗한 정신을, 붉은 빛의 수수경단은 액운(厄運)을 면하라고, 배가 볼록하게 빚은 송편은 식복(食福)이 있으라고, 대추와 과일은 열매를 맺듯이 자손이 번영하라는 축복의 뜻으로, 국수는 *수명장수를 비는 뜻으로 준비한다.

또 '돌잡이'를 하는데 돌상 위에 돈과 활과 붓을 놓고 아이가 첫 번째 잡는 것으로 아기의 장래를 점치며 기뻐하는 풍습이다. 이때 돈은 부귀를, 붓은 학문을, 활은 용맹을 상징하며 여아일 경우에는 자, 색지, 실을 놓는데 이는 바느질 솜씨를 으뜸 덕목으로 삼았기 때문이다.

돌날에는 아기에게 전통 한복을 입히는데 남아는 도령 옷으로 입고 여아는 색동저고리와 치마로 단장한다. 돌잔치에 초대받은 사람들은 아기의 장래를 위한 축하 뜻으로 금으로 된 돌 반지를 주로 선물한다.

2. 성년의례

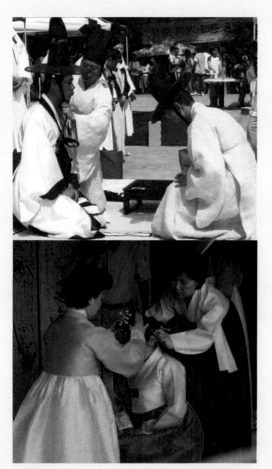

성년식으로 치뤄지는 의례에는 관례 (冠禮)와 계례가 있었다.

관례는 남자에게 *상투를 틀고 의관을 씌우고 술 마시는 예법을 가르치며 별호를 지어주는 의례이다. *조혼의 풍습이 있었던 조선시대에는 12,3세가 되면 관례를 행하기도 하였다. 계례는 여자의 머리에 비녀를 찌르게 하는 의례다. 이처럼 한국 전통사회의 성년의 상징은 머리 모양에서부터이다. 처녀나 총각은 머리를 땋아서 늘어뜨리고 다니다가 성년식을 치르면 머리를 걷어서 얹게 된다.

• 관례
•• 계례

현재는 조선시대처럼 남녀가 머리를 길게 기르는 시대도 아니므로 자연 성년의례가 관심 속에서 벗어나 있다. 하지만 그 의식은 여전히 지금 시대에도 필요하므로 20세가 되는 5월 세 번째 월요일을 '성년의 날'로 제정하고 있다. 그날 전통 성년의식을 원하면 단체나 기관에서 주선해주고 있다. 굳이 이러한 의례를 치르지는 않더라도 보통은 남자인 경우는 군대를 갔다 오면 성년식을 치렀다고 말하기도 한다.

3. 결혼의례

혼례를 옛부터 '인륜지대사(人倫之大事)'라고 하였다.

개인이나 가문에게나 일평생 중요한 의례이기 때문이다. 한국의 전통적인 결혼 풍습을 살펴보면 가문과 가문의 결혼이라는 의미가 강하다. 즉 결혼할 당사자들의 애정보다는 부모가 주도하여 서로의 집안을 비교해보고 결혼을 하는 경향이 조선시대에는 특히 짙었다. 따라서 남자는 12세, 여자는 16세 전후가 되면 집안의 어른들은 *중매쟁이를 놓아 결혼 상대를 찾는다.

이런 관습은 유교의 남녀유별 사상에서 근거하여 일찍이 '남여칠세부동석(男女七歲不同席)'이라는 말로 7살 이후부터는 남녀가 함께 있는 것을 엄격히 규제하였다. 그러다보니 남녀가 서로 사귀며 교제할 기회가 없었다. 결혼대상자는 중매를 통해 부모가 결정하거나 혹은 신랑신부가 맞선을 보아 정해졌다. 두 집안에서 혼인 말이 서로 오가면 먼저 신랑 신부의 사주(四柱)를 서로 교환한다.

사주란 개인이 태어난 생년(年), 월(月), 일(日), 시(時)를 말한다. 동양에서는 이 네가지 요소가 일생의 운명을 좌우하는 큰 기둥으로 보고 그렇게 불렀다. 또 사주로서 궁합(宮合)을 보아서 신랑 신부의 화합을 점치기도 한다. 사주도 좋고 궁합도 맞으면 신부 집에서 좋은 혼인 날짜를 정한다. 사주를 볼 때는 상대방의 띠를 알아본다. 띠(zodiac)는 12가지 동물을 상징한 것으로 그 동물의 특성에 비유하여 사람의 성격이나 운세를 알아보는 것이다. 12가지 띠는 자(子 : 쥐), 축(丑 : 소), 인(寅 : 호랑이), 묘(卯 : 토끼), 진(辰 : 용), 사(巳 : 뱀), 오(午 : 말), 미(未 : 양), 신(申 : 원숭이), 유(酉 : 닭), 술(戌 : 개), 해(亥 : 돼지)를 말한다. 한국인들은 간혹 나이를 묻는 대신 띠로 말하기도 한다.

혼인 날 며칠 전에 신랑 쪽에서 신부 집으로 예물을 보내는데 이를 '함보내기' 라 한다. 함 안에는 '혼서지(婚書紙)' 라 하여 신랑의 가문을 밝히고 혼인을 청하는 내용의 편지글과 신부의 옷감과 금반지 같은 패물이 들어있다. 함을 들고 신부 집으로 가는 사람을 '함진아비' 라 한다. 함진아비는 마땅히 전해야 할 귀한 예물인데도 쉽게 넘겨주려하지 않고 '함 사세요!' 라며 함 값을 내라고 온갖 *익살과 장난을 피운다. 이런 풍습이 오늘날까지 전해져서 가끔 어디선가 '함 사세요!' 라는 소리가 들리기도 한다. 도시의 메마른 아파트 속에 사는 현대인들이지만 이런 소리가 들릴 때면 그 옛날 전통이 느껴진다.

전통 결혼식은 신부의 집에서 치러진다. 신랑이 신부 집으로 가서 혼례를 치른다고 해서 결혼을 '장가가다' 라고도 부른다. 결혼식 날 신랑, 신부는 절을 하는 상견례로 시작하여 의식을 치른다. 신랑은 조선시대 문관 복장을 하고, 신부는 혼례복에 족두리

띠를 상징하는 12가지 동물들

쥐(84년, 72년) 소(85년, 73년) 호랑이(86년, 74년) 토끼(87년, 75년) 용(88년, 76년) 뱀(89년, 77년)

말(90년, 78년) 양(91년, 79년) 원숭이(92년, 80년) 닭(93년, 81년) 개(94년, 82년) 돼지(95년, 83년)

를 쓰고 얼굴에는 연지와 곤지를 찍어 단장한다. 결혼 첫날 밤은 신부 집에서 마련한 '*신방'이라는 곳에서 신부는 신랑을 기다리며 맞이한다. 이때 친지들은 신방의 문풍지를 몰래 뚫어 훔쳐보는 익살스런 풍습도 있었다. 예전에는 집안 어른에 의한 중매결혼이었으므로 꼬마신랑과 결혼하는 예도 많았다. 가끔은 첫날밤에 신랑의 나이 어림에 실망한 신부가 '혹 달아나지나 않을까' 하고 지켜보았다는 데서 그런 풍습이 생겼다고도 한다.

부부 금슬을 표하는 기러기쌍

　혼례를 치른 사흘 뒤에 신부는 가마를 타고 신랑의 집으로 들어가는데 이를 '시집가다'라고 한다. 신랑 집에서는 신부를 맞아 잔치를 벌이고 신부는 시집의 일가친척들에게 인사를 하고 친정에서 가져온 혼수 예물을 드린다. 예전에는 '한번 시집가면 뼈를 그 집안에 묻어라'라는 말이 있을

한국 전통 결혼식

정도로 결혼 한 뒤 좀처럼 친정을 방문하지 못했다.

한편, 오늘날의 결혼풍속은 서구풍이 가미되어 예전과 많이 다르다. 이성 교제가 자유로운 연애결혼이 대부분이다. 결혼 예복으로는 한복 대신에 양복 정장과 웨딩드레스를 입는다. 결혼식도 집이나 종교단체에서 하기 보다는 주로 예식장을 편리하게 이용한다. 예식장에서는 식만 치르고 끝나므로 예식 시간이 보통 1시간도 안되어 짧게 끝난다. 예식을 마치면 대부분 신혼여행을 떠난다. 신혼여행을 다녀온 후에 친구들을 초대하여 '집들이' 행사를 하며 결혼 답례를 하는 것이 보통이다.

간편화된 요즘의 결혼 풍속이지만 아직도 전통혼례 양식은 남아 있다. 함지기가 그렇고 예식장에서 전통혼례복으로 갈아입고 신랑의 부모 친지들에게 *폐백을 드리는 풍습도 그러하다. 신부 측이 혼수품인 살림살이를 장만하고, 신랑이 살림집을 마련하는 관습도 여전히 남아 있다.

4. 회갑례

만 60세가 되는 생일날을 회갑(回甲)이라 한다.

평균 수명이 짧았던 옛날에는 60세를 넘기는 것은 축복이었다. 그래서 자손들은 일가친척을 초대하여 부모의 건강과 장수를 축하하는 잔치를 마련하는 것에서 회갑례가 된 것이다. 회갑을 맞은 주인공은 그 배우자가 함께 자손들이 마련한 좋은 옷을 입고 앉아 큰 잔치 상을 받는다. 상을 차려놓고 아들, 딸이 차례로 절을 하고 만수무강(萬壽無疆)하시라는 술을 올리며 축하한다. 오늘날에는 대부분 60세 이상을 장수하므로 회갑례는 퇴색하고 있다.

5. 상례, 제례

한국 남자와 국제 결혼한 새댁의 얘기다.

"상가 집에 가서 자고 온다는 얘기가 무슨 말입니까?"

그 새댁이 이해할 수 없는 것은 가족도 친한 친구도 아닌 직장 동료인데 왜 그렇게 며칠 밤을 새느냐는 것이다.

'축제'라는 한국 영화는 초상집을 배경으로 한 내용인데, 이를 본 외국인들은 한국의 가족과 전통적인 장례문화가 매우 인상적이라고 말한다. 특히 궁금한 것이 '왜 *상가 집에서 떠들며 화투를 치며 노느냐'이다. 그도 그럴 것이 한국만큼 죽음을 애도하는데 많은 사람들이 모여 오랜 시간을 함께 하는 민족도 드물 것이다. 특별히 한국인은 출생이나 결혼을 기뻐해주는 의례보다는 죽음을 애도하고 그 조상을 받드는 절차가 매우 복잡한데 그것은 효도를 강조하는 사회적 가치관에서 비롯된 것이다.

상례(喪禮)는 죽은 사람의 명복을 비는 의식이다. 부모님의 죽음이 가까이 오면 자식들은 그 부모의 *임종을 옆에서 지켜본다. 만약 임종을 못 지킨 자녀는 평생 불효했다고 여기며 가슴 아파한다. 상을 당하면 주위 사람에게 알리는데 대개 자신의 바쁜 일을 제쳐놓고서라도 문상한다. 특히 상주(喪主)는 장례식을 치를 때까지 자지 않고 *곡을 하며 손님을 맞이한다. 이럴 때 *문상객들은 죽은 이뿐만 아니라 남겨 진 가족들을 위로하는데, 상주 옆에서 같이 밤을 새며 졸음을 쫓게 해주려는 뜻에서 화투 같은 것으로 슬픔을 승화시킨다고 본다.

예전에는 집에서 장례를 치렀으나 요즘은 아파트 중심의 주거문화 변화, 문상객의 편의 등을 이유로 병원 장례식장을 많이 이용한다. 검은색 옷으로 상복을 대신하고 보통 3일장을 치른다. 100일 후 탈상하는 등 많이 간소화 되었다. 부고(訃告)를 받은 사람들은 정성껏 부의금을 마련하여 문상한다. 이런 부의금은 한국인의 오랜 상부상조의 미풍양속이다. 갑작스레 당한 큰 일에 드는 비용을 너도 나도 조금씩 보태어 나눔으로써 슬픔을 극복하라는 뜻이다. 그래서 유족들은 상례에 온 사람을 잘 기억해두었다가 후에 그들 가정에 경조사가 있으면 찾아가서 답례를 표한다.

제례(祭禮)는 돌아가신 조상을 기리는 제사의식이다. 조상은 죽었지만 그 혼백은 남아있으므로 살아있을 때 처럼 잘 모시고 효도를 해야 자손이 번영한다고 생각했다.

제례 종류는 다양하지만 기제사와 차례 그리고 시제가 대표적이다. 기제사는 기일(忌日), 곧 돌아가신 날 자정(밤 12시)에 지

추석성묘

내는 제사다. 밤에 지내는 것은 그 날 첫 시간부터 하루를 조상을 추모하는 날로 삼자는 뜻이다. 기제사의 대상은 고조(高祖)까지였지만 요즘은 제주(祭主)로부터 2대조까지로 되었다.

제사는 조상의 신위(神位)를 모시는 것에서 시작하여 제주(祭主)가 향을 피우고 술을 부어 신(神)을 맞이한다. 마지막에 신을 보내는 의미로 두 번 절을 하고 마친다. 남자들만이 제사에 참석하는 가문이 대부분이다. 여성들은 모여 제사상 음식을 마련한다. 제사상에 차려졌던 음식은 조상이 먹고 남긴 것이라 복이 있다고 여겨서 제사 지낸 후 모두 나누어 먹는다. 예전, 먹을 것이 귀한 시절엔 이웃에 제삿날이면 아이들은 '맛있는 음식을 먹을 수 있겠구나' 하는 기대로 눈을 비비며 밤새 잠을 자지 않으려 했던 추억도 있다.

차례(茶禮)는 명절날 아침에 지낸다. 설날은 일 년의 첫날을 먼저 조상께 인사로 시작하며 추석은 음력 8월 보름으로 농사 중 가장 잘 익은 햇곡식으로 먼저 조상에게 감사하는 의식을 치르는 것이다. 시제(時祭)는 5대조 이상의 조상에 대한 제례이다. 풍성한 10월에 날을 잡아 1년에 한 번 묘소에 가서 지낸다. 이때는 조상의 무덤에 *벌초(伐草)를 하기도 한다. 시제에는 자손이면 누구나 참석할 수 있다. 한국 남성들은 아무리 직장 일이 바빠도 1년에 한번쯤은 묘소 참배를 하는 편이다. 새로 사업을 시작하거나 중요한 행사를 치를 때면 조상의 묘를 찾아가서 머리를 *조아리는 사람들이 아직도 많다. 아무리 정보화 사회라 해도 한국인들의 내면에는 핏줄과 조상에 대한 공경심이 상당히 자리잡고 있다고 할 수 있다.

01 다음 사항을 읽고 그 설명이 맞으면 ( ) 안에 O, 틀리면 X를 하시오.

  1) 한국의 전통적인 가족제도는 가부장(家父長) 방식이다. (   )

  2) 한국의 지하철이나 버스에는 '경로석' 이 있다. (   )

  3) 한국의 촌수는 친척관계를 나타내는 혈연 계산 체계이다. (   )

  4) 한국 여성들은 결혼한 후에 남편 성을 따른다. (   )

  5) 한국에서 제사는 죽은 조상을 기리는 것으로 밤에 드린다. (   )

02 한국인은 이름을 짓는데 신중한데 특히 남자의 이름을 함부로 짓지 않았다. 그 이유는 무엇입니까? 그러나 요즘은 달라지고 있는데 그 이유를 생각해봅시다.

03 한국인의 이름 중에 주로 많은 성씨가 무엇인가? 3대 성씨를 쓰시오.

04 한국인의 전통결혼 풍습 중에서 오늘날까지 행해지고 있는 것을 나열해봅시다.

05 한국 가족의 특성을 몇 가지로 나열하고 그 특성에 맞는 사례를 들어 설명해 보시오.

어휘 알아보기

words

- **가부장(家父長)**: 아버지, 아들 등 남자로 이어지는 가족의 절대적 권력.
- **경로석(敬老席)**: 버스 · 지하철 등에서 노인들이 앉도록 마련한 자리
- **연장자(年長者)**: 자기보다 나이가 많은 사람.
- **통성명(通姓名)**: 서로 성명을 통함. 첫 대면의 인사를 교환함.
- **호주(戶主)**: 한 집안의 주인으로서 가족을 거느리며 부양할 의무가 있는 사람.
- **고조부(高祖父)**: 할아버지의 할아버지. 고조할아버지.
- **따질/따지다**: 일일이 헤아리고 캐묻다. 시비를 밝히어 가르다.
- **됨됨이**: 사람이나 물건의 생긴 품. 됨됨
- **모욕(侮辱)**: 깔보고 욕되게 함.
- **점지**: 신이 사람에게 자식을 갖게 함. 무엇이 생기는 것을 미리 지시해 줌의 비유.
- **수명장수(壽命長壽)**: 수명이 길어 오래도록 삶.
- **상투**: 예전에, 장가든 남자가 머리털을 끌어올려서 정수리 위에 틀어 감아 매던 것.
- **조혼(早婚)**: 혼인할 연령이 채 못 되어서 이른 나이에 혼인함.
- **중매(仲媒)**: 혼인을 어울리게 중간에서 소개하는 일.
- **익살**: 남을 웃기려고 일부러 우습게 하는 말이나 몸짓.
- **신방(新房)**: 신랑 · 신부가 첫날밤을 치르도록 새로 차린 방.
- **폐백(幣帛)**: 신부가 처음 시부모를 뵐 때 큰절을 하고 올리는 물건
- **상가(喪家)**: 사람이 죽어 장례를 치르는 초상집.
- **임종(臨終)**: 부모가 돌아가실 때 그 곁에 지키고 있음.
- **곡(哭)**: 죽음을 슬퍼하며 내는 소리
- **문상객(問喪客)**: 죽은 사람을 위해 그 집에 찾아오는 사람들
- **벌초(伐草)**: 무덤의 잡초를 베어서 깨끗이 함.
- **조아리는/조아리다**: 황송하여 이마가 바닥에 닿을 만큼 자꾸 숙이다.

'옷이 날개'라는 한국인

제1과 한국인과 옷

    한국 속담에 '옷이 날개' 라는 말이 있다.

    '못난 사람도 옷을 잘 입으면 잘나 보인다' 는 말로써 그만큼 옷차림을 중시여기는 한국인의 내면을 엿볼 수 있다. 한국인들은 실제로 그 사람이 입은 옷을 보면 그 *됨됨이와 교양을 알 수 있다고 생각한다.

    '의·식·주' 라는 말에서도 알 수 있듯 한국인은 '의(衣)'를 '식(食)'보다 먼저 말한다. 설사, 먹을 것이 없을 만큼 가난해도 옷차림을 단정하게 하여 궁색함을 드러내지 않음이 군자(君子)라고 여겼던 데서 나온 언어 습관이다. 신하가 임금 앞에서 *의관정제를 하고 나라 일을 보았듯이, 어떤 행동을 하기 전에 옷차림부터 반듯하게 함을 가르쳤다.

    이처럼 옷은 몸을 가리는 것을 넘어 인간관계의 예절이요, 그 사람의 인품을 나타내는 것이라 여겼다. 예전에는 날씨가 아무리 더워도 시어른 앞에서 며느리는 팔을 훤히 내놓는 민소매 옷을 입지 못했다. 잠옷은 잠 잘 때만 입는 것으로 가족 간에라도 잠옷을 입고 종일 있지 않는다. 집에 손님이 찾아오면 맨발로 있다가도 양말을 신고 겉옷을 단정하게 차려입고 맞이한다. 또 문상(問喪)을 갈 때는 검정색 정장을 한다. 화려한 넥타이도 하지 않는다. 그러므로 한국인은 때와 장소, 만나는 사람에 따라 알맞은 옷차림과 그 예절을 중요시한다.

한국은 사계절의 날씨가 뚜렷하다보니 사시사철 옷을 바꿔 입어야한다. 여름에는 시원하게 입고 겨울에는 따뜻하게 입어야하므로 계절마다 의복을 새로 만들거나 다듬는 일을 하였다. 그만큼 의복을 다루는 솜씨도 늘어나고 옷에 관심도 자연스럽게 높아지는 것이다. 그래서인지 한국인은 다른 나라 사람들에 비해 옷을 잘 맞춰 입는 국민으로 평이 나있다. 젊은이들은 유행에 민감하여 자신만의 개성 있는 옷 입기를 즐긴다. 매일 옷을 갈아입으면서도 똑같은 옷 입기를 꺼려하는 편이다. 요즘은 인터넷 쇼핑몰로 다양한 옷을 값싸게 구입할 수 있다.

이와 같은 이유들로 한국의 패션 산업은 세계적으로 유명하다. 세계 어디를 가도 한국 제품의 의류를 만날 수 있다. 한국의 옷은 프랑스나 이태리에 비해 저렴하면서도 색이나 디자인은 매우 우수하다. 또 세탁 후 변질이 없는 염색이나 꼼꼼한 바느질 등으로 세계 시장에서 호평을 받고 있다. 한국의 대학에는 의상학과나 패션 디자인과가 많다. 개성을 중시하는 신세대들은 패션 디자이너나 모델(model), 인터넷 쇼핑몰, 의류 머천다이저, 코디네이터, 디스플레이(displayl) 등과 같은 패션 산업에 관심이 매우 높다. 한국에서 유명한 패션 디자이너로 앙드레김을 꼽는다. 그는 세계 각지에서 패션쇼를 개최하며 한국 패션의 세계화에 큰 역할을 하고 있다.

제2과 한복 문화

1. 한복의 특징

한복은 한국의 전통적인 옷이다.

한복은 삼국시대부터 입었는데 중국의 옷 모양과 비슷하였다. 조선시대에 이르러 저고리 길이가 짧아지고 옷고름을 사용하는 등 지금의 '한복' 모습으로 고유한 옷 모양이 되었다.

말하자면, 옷의 목 부분이 차이나 모양이 아니라 ∨자(字) 모양으로 시원하게 파서 옷고름으로 매고 있다는 점이다. 중국 북경에 있는 민속의상박물관에 소수민족 의상 55개가 전시되어 있다. 그 중 유일하게 조선족 옷만 목의 깃이 파여져 있다. 조선족은 한국이 과거 일제치하 때 중국으로 이주한 동포들이다. 오늘날에도 중국과 국경을 같이하고 있는 이웃나라들 대부분이 차이나 모양의 웃옷을 하고 있다. 그만큼 한국인의 창의적인 미적 감각을 엿볼 수 있을 것이다.

여성 한복의 기본은 저고리와 치마다. 저고리는 웃옷으로 가슴을 가릴 정도로 길이가 짧다. 저고리 깃에는 하얀 동정을 달아 목선을 돋보이게 하였다. 저고리의 앞은 터져있어 양옆에 달린 두 개의 긴 옷고름으로 서로 매어 여미게 된다. 저고리의 소매 곡선과 길고 풍성한 치마의 직선이 조화를 이루어 우아한 멋을 풍긴다. 치마는 저고리 아래 입는 옷이다. 치마는 허리에 주름을 잡아서 밑으로 내려가면서 퍼진 모양이다. 치마를 입을 때는 가슴 위 부분까지 올린다. 그리고 치마 양 끝에 긴 끈을 달아 그것으로 허리에 둘러 묶는다. 한복의 치마는 옆선이 터져있어 '하나의 천(布)'으로 된 평면적인 옷이다. 말하자면 그냥 큰 사각형 천을 신체에 둘러 입어서 통모양의 형태가 되게 한 것으로 치마의 옆선에 바느질 *솔기가 없이 *트여 있다는 것이다. 그래서 한복치마를 입으면 가벼운 느낌이 든다. 또 바람이 불 때마다 치맛자락이 나풀거려 매우 여성스럽다. 그래서 '치맛바람'이라는 말이 생겼는데 요즘은 이 말이 '여성이 *설치고 나서는' 뜻으로 다소 부정적인 인상일 때 쓰이는 말로 바뀌었다. 또 쓰개치마라 하여 조선시대에는 여성들이 외출할 때 얼굴을 가리기 위해 사용했다. 한국의 역사 드라마를 보다보면 간혹 쓰개치마를 입은 장면을 볼 수 있다.

남자 한복은 바지와 저고리를 기본으로 하여, 그 위에 조끼와 마고자 그리고 두루마기가 있다. 바지는 통이 매우 넓어 방바닥에 앉을 때 편하다. 이것은 좌식 생활 구조에 적합한 디자인이다. 허리는 끈으로 된 허리띠를 매어 고정시킨다. 발목에는 대님이라 하는 끈으로 묶어 고정시킨다. 남자들이 외출할 때에는 평상복 위에 두루마기를 입고 *갓을 쓴다. 집에서도 제사를 지낼 때면 반드시 두루마기를 입는데 그것이 정장의 모습이기 때문이다.

한복은 신분이나 성별, 나이에 따라 옷의 종류나 색깔이 다양하다. 한국인을

저고리

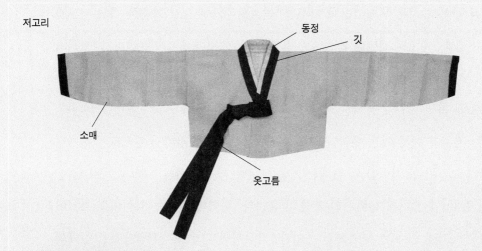

동정
깃
소매
옷고름

그림 속의 한복입은 여인(조선시대)

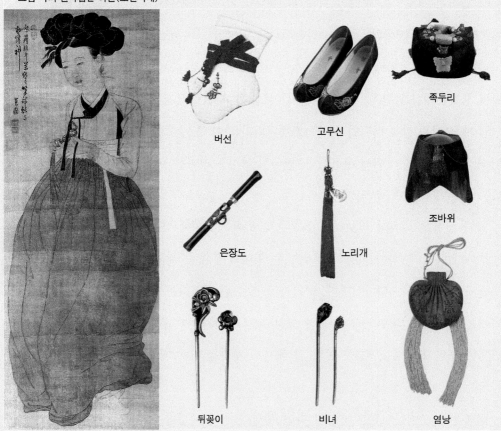

버선

고무신

족두리

은장도

노리개

조바위

뒤꽂이

비녀

염낭

일컬어 '백의민족(白衣民族)'이라 부른다. 거의 모든 백성이 흰색으로 입었던 데서 나온 말이다. 하지만 왕실 귀족들이나 관복 같은 것은 색깔도 다양하였다. 어린이는 색동저고리를 입었다. 갓 결혼한 새색시는 연두색 저고리에 붉은 치마를 입었다.

한복의 옷감은 계절마다 다르다. 겨울에는 비단옷을 입거나 혹은 면 옷에 솜을 넣고 *누벼 입었다. 여름에는 바람이 솔솔 몸 안에 들어오는 모시저고리나 삼베로 지어 입었다. 가을에는 부드러운 소재의 섬유를 사용한다. 한복의 옷감은 대체로 얇고 부드러운 소재가 많아서 마치 옷을 입지 않은 것처럼 가벼운 것이 특징이다. 그래서 한복을 입으면 걸음걸이가 잠자리 날개처럼 사뿐거리게 된다.

한복을 맵시 나게 입으려면 속옷을 잘 차려입어야 한다. 치마 옆선이 트여져 있으니 여러 겹의 속치마를 덧입어야 속살이 보이지 않는다. 그래서 한복에는 속옷이 많다. 이렇게 여러 겹으로 입는 방식이라서 겨울에도 한복을 입으면 춥지 않다. 옷감사이에 공기층을 많이 함유하기 때문이다. 한복을 더욱 멋있게 입으려면 장신구를 곁들인다. 머리에 꽂는 비녀나 족두리, 옷고름에 다는 노리개를 갖추고 발에 버선을 신고 고무신을 신는다면 한층 전통적인 한국의 멋이 흐른다.

한복은 넉넉한 *품새여서 나이나 체형에 상관없이 누가 입어도 잘 어울린다. 중국의 치파오(旗袍)는 품이 넉넉하지 않아서 몸의 곡선이 잘 드러나므로 늙은 사람이 입으려면 주저하게 된다. 하지만 한복은 나이가 들어서 입어도 *처진 뱃살을 감쪽같이 가려줄 뿐만 아니라 더욱 성숙하고 우아한 아름다움을 준다. 또 치마의 곡선이 길기 때문에 뚱뚱한 사람이 입어도 날씬해 보인다. 반대로 마른 사람이 입으면 치마의 주름으로 풍성해 보인다. 이런 이유들로 한국인이라면 누구나 한복에 대한 애정과 자부심을 갖고 있다.

아이들의 한복

어른들의 한복

2005 아시아태평양경제협력체(APEC)에서 각국 정상들의 한복 기념촬영

한복을 입으면 행동거지가 자연스럽게 다소곳해진다. 치마가 길고 품이 넓어서 치맛자락이 밟힐까봐, 저고리 고름이 물에 젖을까봐 저절로 행동을 조심하게 된다. 따라서 한국인의 예의바른 태도는 한복에서도 영향을 받았다고 본다. 요즘 자라나는 어린이들에게 전통 예절을 가르칠 때도 반드시 한복을 차려입는데 같은 이유에서다.

2. 한복의 변천

19세기 말 서양 문물이 들어오면서 양복이 전래되었다. 해방이후, 양복을 입게 되면서 한복이 일상생활에서 밀리게 되었다. 한복은 격식과 손질이 대체로 까다로워 한번 *성장을 하려면 번거로운 건 사실이다. 여자들의 경우엔 저고리 치마 외에도 한복에 어울리는 속옷이나 버선, 고무신 등 갖출게 많기 때문이다. 그래서 요즘엔 명절이나 결혼식 때 입는 *예복으로 주로 입고 평소에는 잘 입지 않는다.

그러나 한복의 아름다운 *맵시를 모두 좋아해서 입고 싶어 한다. 그래서 등장한 것이 생활 한복이다. 생활 한복이란 한복의 전통적인 멋은 살리며 실용을 가미한 것인데 말하자면 저고리 길이를 길게 하고 치마는 짧게 한 모습으로 활동하기에 편하다. 이런 한복에는 구두를 고무신 대신으로 신기도 한다.

요즘에는 한복이 *기성품으로 많이 나온다. 서울의 종로 상가나 동대문시장에 가면 예쁜 한복이 많은데 매장에서 입어보고 살 수 있다. 특히 〈대장금〉이나 〈황진이〉 등의 드라마가 인기를 더하면서 한복은 젊은 세대들에게도 화려한 파티복으로 인식될 만큼 인기가 높다. 한복 관련 웹 사이트에는 한복을 멋있게 입는 법도 소개하며 장신구도 판매하는 등 다양한 정보를 싣고 있다.

최근엔 한복의 아름다움을 세계에 널리 알리는 패션쇼도 많다. 이영희 한복디자이너는 파리(Paris)를 무대로 뉴욕(New york)에 한복박물관을 두고 한복을 세계에 알리고 있다. 그는 〈한복—바람의 옷〉이란 타이틀로 전시회를 열어 궁중의상, 서민복, *승복, 전통결혼 의상, *무녀복 등을 선보였다.

2005년 한국에서 아시아 태평양 경제협력체(APEC) 회의가 있었다. 이때, 미국을 비롯한 21개 나라 각국 *정상들이 한국의 전통 의상인 한복 두루마기를 입고 국제회의 기념 촬영을 하기도 했다.

01 다음 사항을 읽고 그 설명이 맞으면 (   ) 안에 O, 틀리면 X를 하시오.

1) 요즘엔 한복을 명절이나 결혼식 때 입는 예복으로 주로 입는다. (   )
2) 갓 결혼한 새색시가 입는 한복은 붉은색의 저고리와 치마다. (   )
3) 한복의 치마는 옆선이 터져있어 '하나의 천(布)'으로 된 평면적인 옷이다. (   )
4) 한국인의 예의바른 태도는 한복에서도 영향을 받았다고 본다. (   )
5) 예전엔 남자들이 외출할 때 갓을 쓰고 두루마기를 반드시 입었다. (   )

02 한국인을 일컬어 '백의민족(白衣民族)'이라 부릅니다. 왜 그렇게 부르는지 설명해 보시오.

03 한국에서 전통예절을 가르칠 때는 반드시 한복을 차려입고 가르친다. 왜 그렇다고 생각하는지 그 이유를 한복 모양새의 특징과 연관하여 설명해보시오.

04 한복의 전통적인 멋은 살리면서 현대 생활의 실용을 가미한 한복을 무어라 부릅니까? 또 그런 한복을 사려면 서울에서 어디를 가면 많이 볼 수 있는지 이야기 해봅시다.

05 한복을 세계적으로 알려서 '바람의 옷'이라는 평을 나오게 만든 인물과 현대 한국패션계를 대표하는 디자이너는 누구인지 두 인물을 각각 써봅시다.

- **됨됨이**: 사람이나 물건의 생긴 품. 모양새.
- **의관정제(衣冠整齊)** : 관복과 모자를 똑바로 착용하다.
- **여미게/여미다**: 옷깃을 바로잡아 합쳐서 단정하게 하다.
- **솔기**: 옷의 두 폭을 맞대고 꿰맨 줄.
- **트여/트이다**: 막혔던 것이 뚫리거나 통하다.
- **설치고/설치다**: 마구 날뛰며 조급하게 행동하다.
- **갓**: 옛날에, 어른이 된 남자가 말총으로 만들어 머리에 쓰던 모자의 하나.
- **누벼/누비다**: 옷감의 거죽과 속 사이에 솜을 두어 죽죽 줄이 지게 바느질하다.
- **품**: 옷을 입었을 때 신체와 옷과의 틈.
- **처진/처지다**: 팽팽하던 것이 위에서 아래로 늘어지다.
- **성장(盛裝)**: 훌륭하게 차려 입음. 또는 그 차림새.
- **예복(禮服)**: 의식 때에 착용하는 의복. 예절을 특별히 차릴 때 입는 옷.
- **맵시**: 곱게 매만진 모양새.
- **기성품(旣成品)**: 이미 만들어진 물건.
- **승복(僧服)**: 불교의 스님들이 입는 옷.
- **무녀복(巫女服)**: 무당들이 입는 옷.
- **정상(頂上)**: 산꼭대기. (비유적으로)최상급의 지도자.

김치,
맵지만 군침이 돌아요!

제1과 밥과 국물

1. 밥 중심 문화

"한국인은 하루 세끼 모두 밥만 먹으면 질리지 않나요?"

중국 학생들은 자신들의 식습관처럼 만두나 국수 등을 한 끼씩 섞어 먹으면 좋지 않냐며 한국의 식습관에 대해 *의아해 한다.

음식은 그 나라의 자연지형과 문화를 담고 있다. 쌀농사 문화권인 한국에서는 밥이 주식이고 국과 김치같은 각종 반찬을 곁들인다. 특별히 밥에 대한 충성심이 대단한 편인데, 어떤 사람들은 여름에 시원한 냉면을 먹고 배가 불러도 쌀로 지은 밥을 먹지 않았으니 식사를 하지 않았다고 할 정도다.

한국말에 '밥그릇 수(나이를 말 할 때)' 혹은 '밥그릇이 떨어졌다(직장을 잃었다)' 등 중요한 비유를 할 때 밥과 관련된 표현도 많다.

밥을 좋아하는 것만큼 밥맛에 대한 기호도 민감한 편이다. 한국인은 일반적으

한국의 밥상

로 금방 지은 따끈한 밥과 *찰기가 많은 '촉촉한' 밥을 좋아한다. '찬밥 신세'라는 말도 있는데 식은 밥을 먹기 싫어하듯 사람들에게 *푸대접을 받는 경우를 비유한 것이다. 그래서 여름에도 금방 지은 뜨거운 밥을 준비해둔 식당에는 손님이 끊이지 않는다. 또한 *윤기가 떨어지는 *퍼석한 밥은 아무리 반찬이 좋아도 밥 잘 먹었다는 소리 듣기가 어렵다.

　이처럼 밥 위주 식습관이다 보니 탄수화물이 과잉 섭취될 수 있다. 일찍이 조상들은 균형잡힌 영양을 생각해서 채소류, 견과류(堅果類), 해산물이나 육류를 넣어 밥을 짓기도 하였다. 김밥이나 비빔밥, 혹은 대보름날 먹는 오곡밥 등은 영양의 균형을 잘 맞춘 음식들이다. 김밥은 신선한 야채와 해산물의 결합으로 미용에 좋으면서도 간단하게 한 끼를 먹을 수 있어 남녀노소가 모두 즐긴다. 비빔밥은 밥과 야채가 주가 되니 열량이 적어 다이어트 같은 미용식에 아주 좋다.

김밥과 떡

한편, 밥을 먹을 때는 물기있는 것과 짭짤한 맛을 주는 음식이 필요하다. 이것이 반찬이다. 한국의 모든 반찬은 밥과 같이 먹기 때문에 *간간하게 조리한다. 국도 밥과 같이 먹는 부식이므로 *간이 되어있다. 국을 단순히 서양식 수프(soup)로 생각해서 그것만 마시거나 해서는 안 된다. 또한 반찬은 밥을 먹기 위한 것들이므로 한국의 식당에서는 반찬값은 따로 계산하지 않는다. 가령, 불고기 2인분을 주문하면 밥 외에 밑반찬으로 따라 나오는 김치, 나물, 부침전, 상추, 쌈된장, 마늘, 조림 반찬 등에 대한 값을 따로 받지 않는다. 그래서 밑반찬이라 말하며 김치나 상추 등을 더 주문해도 무료로 서비스되는 것이다.

2. 국물 음식 위주

"한국의 그릇은 다 오목오목하게 생겨서 참 신기해요!"

한류(韓流)의 영향으로 한국 드라마를 본 외국인들은 이렇게 말하기도 한다. 대부분 나라들이 평평한 접시를 쓰는 것에 비해서 한국의 전통적인 식기는 오목하다. 또 숟가락이 세계 어느 나라에 비해서 움푹하게 크다. 이런 것은 한국음식이 다른 나라에 비해 국물 위주의 음식임을 나타낸다.

대표적인 국물 음식 설렁탕

한국음식이 국물 위주임을 알 수 있는 것은 언어 습관에서도 볼 수 있다. 한국어로는 국물 음식을 말할 때도 물이 많은 순서로 탕〉국〉찌개〉찜 등으로 말하며 음식 종류가 다 다르다. 영어로는 수프(soup) 혹은 스튜 정도로 말할 수 있을 것이다. 또한 중국어로는 그냥 탕(湯)이 된다. 가령, 된장찌개도 탕이고 된장국도 탕이고 곰국도 탕으로 번역되는 셈이다.

한국은 연평균 강수량이 약 1300mm로 다른 나라에 비해 물이 풍부하다. '돈을 물 쓰듯 하다' 라는 속담이 있듯이 물이 풍부한 데서 오는 식습관인 것이다. 또한 산지가 국토의 70%를 차지하고 있어 산과 들에서 나는 야채가 풍부하다. 따라서 야채에다 물을 넣고 끓이면 다양한 국물 음식을 만들 수 있다. 더욱이 맨밥을 먹기에는 목이 답답한 데 국이 있어서 안성맞춤이다. 그래서 한국의 기본 상차림이 항상 밥과 국으로 정해진다.

"추운 겨울, 배가 *출출할 때 생각나는 것은?"

이렇게 한국인들에게 질문을 한다면 대부분은 '뜨거운 국물 한 그릇' 이라 말할 것이다. 아마도 과음한 사람은 뜨겁고 *얼큰한 해장국이 생각난다고 하고, 어떤 사람은 보글보글 끓는 된장찌개가 그립다고 말할 것이다. 한 때, 미국에 이민을 간 한국인들은 국이 먹고 싶어 서양인들이 먹지 않는 소갈비로 갈비탕을 만들어 먹었는데 지금은 서양인들도 속이 시원하고 편한 음식이라며 즐기고 있단다. 뜨거운 국물은 위장을 따뜻하게 데워주어서 소화를 촉진 시키고 혈액순환을 돕는다. 그래서 한국인들은 즉석에서 끓이면서 먹다가 가끔은 혀도 *데이고 땀으로 범벅이 되어도 '어, 시원하게 잘 먹었다!' 라는 만족감을 표현한다.

3. 발효 저장 음식 발달

모든 나라들이 소금으로 기본 맛을 낸다. 한국은 여기에 한 단계 더 발달한 식문화로 소금과 콩을 배합함으로써 짠 맛을 내는 '장(醬)' 을 사용한다. 장은 한국음식의 맛을 내는 기본 양념이요, 단백질 영양급원이다. 오랜 시간 *숙성 발효시킴으로써 성인병도 막는 건강한 음식 재료이다. 그래서 한국인들은 예로부터 집안의 모든 음식에 기본이 되는 장을 담고 보관하는데 극진한 정성을 들인다.

장을 담는(만드는) 과정은 먼저 콩을 삶아서 메주를 쑤고(만들어) 그것을 띄워서 (발효시켜) 소금과 물을 넣어서 숙성시킨다. 건더기는 '되직하다' 하여 된장이고 그 물은 '간간하다' 하여 간장이라 부른다. '장과 친구는 오래될수록 좋다' 는 속담처럼 한국인들은 장독대를 두어 큰 단지에 간장과 된장 그리고 고추장 등을 담아두고 오래 동안 먹는다.

고춧가루로 만든 고추장은 매운탕의 양념이나 생선회에 빠질 수 없는 식품이다. 특히 생선의 비린내를 없애주므로 생선조림이나 찌개에는 필수 양념이다. 낚시를 좋아하는 사람들은 흔히 갖고 다닌다. 또 외국여행 길에도 고추장부터 챙긴다. 기름진 음식으로 속이 *느끼해지면 매콤한 고추장으로 맛을 달래려고 하는 것

된장의 재료인 메주

독에 넣은 메주가 된장이
되어가는 모습

갖가지 장들을 담아놓은 장독

이다. 그 외, 밑반찬으로 늘 밥상에 오르는 김치류도 각종 야채에다가 젓갈을 배합하여 숙성시킨 발효 저장식품이다. 이처럼 한국음식은 오랜 시간 만들고 또 오래 두고 먹는 것이 많아서 '슬로우 푸드(slow food)'라고 해석하는 사람들도 있다.

4. 음식궁합과 약식동원(藥食同源) 정신

한국의 전통궁중음식을 잘 보여준 드라마 〈대장금〉에서는 식재료의 음양이 조화를 이루면 즉, 음식 궁합이 맞는 것을 먹으면 아픈 병도 낫는 장면들이 나온다. 한국의 전통 음식은 자연에서 나는 산물이 몸의 음양 이치와 맞아서 *약리 작용이 될 수 있는 것에 일찍이 관심을 두었다. 그래서 산과 들에서 나는 야채나 열매가 음식 재료가 되는 동시에 한약재도 되는 것이다.

음식의 기본 맛을 내는 양념은 원래 '약념(藥念:약이 되도록 염두에 둔다)'에서 나온 말이라고 한다. 간장, 된장은 물론 파, 마늘, 생강, 고춧가루 등의 효능이 우리 몸에서 약이 된다는 뜻이다.

오늘날 비만인구가 점점 늘어나 당뇨, 심장, 고혈압 등의 성인병이 증가하고 있지만 한국은 비만 인구비율이 낮다. 그것은 *채식위주이면서 탄수화물, 지방, 단백질 비율이 적절하고 열량이 낮기 때문이다. 이미 김치나 비빔밥은 다이어트 식품으로도 세계에 널리 알려져 있다. 한국음식이 세계적으로 비만을 방지하고 건강과학적인 음식으로 증명된 것은 한국인들의 약식동원 사상과 일치한다.

제2과 상차림과 식사예절

1. 상차림

- 한식 상차림은 한꺼번에 모든 음식이 한 상에 다 차려진다. 즉 중간 중간에 밥이나 요리 등의 다른 음식이 계속 나오는 방식이 아니다.

- 밥은 왼쪽, 국은 오른쪽에 둔다. 반찬 그릇은 간장을 기준으로 상의 중앙에 놓는다.

- 국그릇 옆에 숟가락, 젓가락 순서로 가지런히 놓는다.

- 찌개는 밥상 중앙에 둔다. 가족끼리는 같이 떠먹지만 손님이 함께라면 작은 국자를 두고 각자 떠먹어도 좋다.

- 음식을 흘리거나 하면 옛 조상들은 행주를 사용했다. 요즘은 냅킨이나 간편한 종이를 마련해둔다.

- 술은 한두 잔 곁들이는 것만 한다. 밥상에는 밥을 위주로 먹는다. 만약 술을

주로 마신다면 술상을 따로 차린다. 이런 습관으로 한국인들은 식당에서 밥을 얼른 먹고 술을 술집에서 마시러 자리를 옮긴다. 밥을 1차로 먹고 술을 몇 차례 하는 것에서 차수문화가 생겨났다고도 볼 수 있다.

- 식사의 마침은 *숭늉을 마시는 것으로 표하므로 식사가 끝날 무렵에 물을 올린다. 요즘은 숭늉보다 생수나 보리차물을 주로 마신다.
- 식사가 끝나면 후식 다과상을 따로 차린다. 후식에는 떡이나 수정과, 식혜 등을 올린다. 요즘은 간편하게 후식상을 따로 마련하지 않고 식사한 그 자리에서 과일이나 커피를 주로 마신다
- 참고로 외국인들이 즐기는 한국 음식으로는 돌솥비빔밥, 김밥, 물냉면, 불고기, 잡채, 삼계탕, 소갈비, 닭갈비, 떡볶이, 삼겹살구이, 김치볶음밥, 숯불 돼지갈비, 제육볶음 등이다.

2. 식사 예절

한국의 전통적인 식사 예법에서는 대가족이 함께 식사를 한다. 이때 어른의 상은 따로 마련하였다. 할아버지가 어린 손자와 *겸상을 함으로써 식사예법을 가르친다. 소위 '밥상머리 교육'을 통해 가정교육이 이루어졌다.

- 한국의 식사문화는 오른손 위주다. 두 손을 함께 쓰지 않는다.
- 숟가락 젓가락을 한꺼번에 들고 사용하지 않는다.
- 식사 때는 숟가락으로 먼저 국물을 떠서 입안을 적신 후 밥을 먹는다. 이를

술적심이라고 하는데 밥 한 술(숟가락), 두 술 할 때 쓰이는 말에서 나왔다. 마른 입에 밥을 먹다가 체할 까봐 하는 염려에서 가르친 조상들의 지혜다.

- 한국의 전통적인 식사 예법은 연장자 중심이다. 즉 어른이 먼저 수저를 들고 나면 아이들이 수저를 들고 식사를 한다. 또 어른보다 식사가 먼저 끝나도 자리를 떠나지 않고 조용히 기다린다.

- 밥그릇이나 뜨거운 국물이 담긴 국그릇을 손에 들지 않고 상 위에 두고 먹는다. 중국과 일본인은 밥그릇을 들고 먹는데 한국보다 밥그릇이 훨씬 작다. 한국인은 커다란 밥그릇에 금방 지은 뜨거운 밥을 가득 담아 먹으면 좀처럼 밥그릇을 들고 먹기가 어렵다.

- 식사도중 '쩝쩝'거리며 씹는 소리를 내지 않으며 기침이 나올 때는 고개를 돌려 입을 가리고 한다.

- '조용히 밥만 먹어야지!' 혹은 '밥 먹을 때 다리 떨면 복(福) 나간다' 등과 같이 예전에는 밥상에서 말하지 않고 조용히 밥만 먹도록 교육한다. 대화는 밥상을 *물린 후에 다과상을 차려놓고 대화 시간을 갖는다. 남자들은 다과상 대신에 술상을 차려놓고 오래 대화를 하기도 한다.

말없이 밥만 먹으니 다른 나라 사람들에 비해 한국인은 빨리 식사를 하는 편이다. 혹자는 한국인의 급한 성격 때문이라고 말하지만 뜨거운 국물음식이 많고 좌식생활을 하는 것에서 이해할 수 있다. 예전에는 방바닥에 밥상을 놓고 식사를 했다. 식사 도중에 얘기하다가 수저가 그릇에 부딪혀 뜨거운 국물을 쏟기 쉽기 때문에 조심스레 밥을 먹으라는 뜻에서다. 같은 해석으로 밥 먹을 때 다리를 떨다가 낮은 밥상 다리를 건드리게 되면 음식을 쏟을 수 있으므로 반어법적인 말로 가르치는 것이다. 게다가 한국은 한꺼번에 다 차려놓고 식사를 하므로 식기 전에 먹어야 소화도 잘 되고 맛이 있다. 중국이나 서양은 식사 중간에도 음식이 나오므로 그것을 기다리는 동안에 얘기가 오가게 마련이다. 오늘날에는 입식 식탁에서 식사를 하므로 오래 앉아도 다리가 저리지 않아 자연스럽게 대화를 나누며 천천히 식사를 즐기는 쪽으로 가고 있다.

• 음식 값은 손님을 먼저 청한 사람이 낸다. 혹은 주로 연장자가 음식 값을 낸다. 한국인의 정서로는 아직까지 밥을 같이 먹고 각자 돈을 내는 것을 어색해한다.

3. 한국의 수저문화

한국인은 숟가락을 많이 쓴다.

국물음식이 많아서 그렇고 밥도 떠먹고 비벼먹고 하는 등에 쓰인다. 수저를 많이 쓰는 식사법이라 수저를 다루는데도 엄격했다. 특히 아버지의 수저는 가장 좋고 큰 것으로 마련하여 다른 사람과 섞이지 않게 한다. 아이들에게 식사예절을 가르칠 때도 수저를 반듯하게 놓는 것부터 가르쳤다.

"된장찌개에 같이 숟가락을 넣다니요?"

웬만큼 한국에 익숙해진 외국인이라도 같은 찌개냄비에 각자 먹던 숟가락을 함께 담궈서 먹는 것에는 당황한다.

한국인들은 위생적 개념보다는 '한솥밥을 먹는 식구' 즉 가족은 혈연공동체로서 같이 숟가락을 담아 떠먹는 것은 자연스럽고 정답다는 정서적 개념에서 그렇다고 볼 수 있다. 한국은 농경사회가 일찍이 정착함에 따라서 마을 전체가 같은

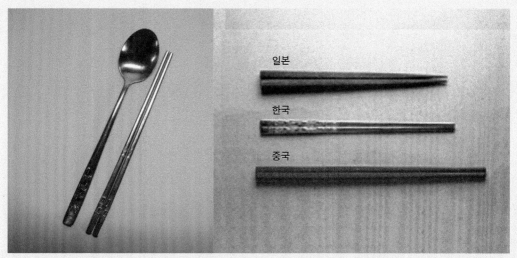

• 한국의 수저
•• 한중일 3국의 젓가락

친척들이었기 때문에 남이라는 긴장과 부담이 없었다. 오늘날
은 남과 사업상 같이 식사를 할 때는 물론 각자 음식을 덜어서
먹고 찌개그릇에 숟가락을 같이 넣지 않는 것이 위생적인 식사
매너일수 있다. 하지만 식사하면서 자연스럽게 친해지려면 오
히려 같은 찌개냄비에 숟가락을 담구어 맛있는 생선 부위를 떠
주면서 가족적인 정을 내는 것이다. 그러므로 한국인들이 찌개
냄비에 같이 숟가락을 넣어서 먹는 것은 친밀함의 표현이라고
보면 된다. 요즘은 위생적 개념을 고려하여 음식점에서도 각자
개인접시를 두고 작은 국자로 떠먹도록 서비스 하고 있다. 그러
나 집에서 가족이 식사할 때는 된장뚝배기에 같이 숟가락을 넣
고 먹는 것이 더 맛있게 느껴지는 것이 여전한 한국인의 정서라
고 봐야할 것이다.

한국인은 나무 젓가락보다 쇠 젓가락을 즐겨 써왔다.

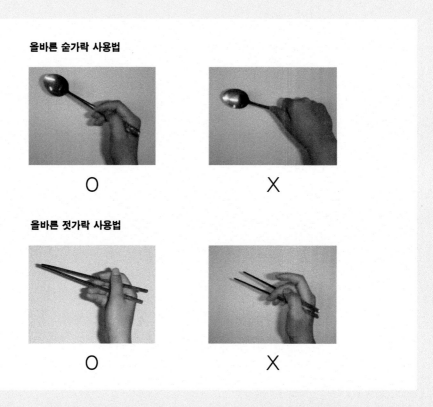

올바른 숟가락 사용법

O   X

올바른 젓가락 사용법

O   X

외국인들은 금속 젓가락이 입에 닿을 때 찬 느낌 때문에 거슬린다고도 한다. 또 나무 젓가락은 쉬 미끄러지지 않아 젓가락질을 좀 못해도 음식을 먹을 수 있는 것에 비해 쇠 젓가락은 어렵다. 하지만 쇠 젓가락은 나무에 비해 음식을 정확하게 집으며 음식을 집었을 때 잘 떨어지지 않는 장점을 갖고 있다. 한국은 채소를 푹 삭힌 음식이 많다보니 커다란 무를 쿡 찝어서 먹으려면 나무 젓가락은 부러지기 쉽다. 또 물기 많은 음식이 많아서 나무 젓가락 색이 변하거나 뒤틀리므로 그렇다. 이 밖에도 놋쇠나 은수저는 농약성분 등이 있으면 색이 검게 변하여 위험을 알려주기도 하며 몸에 해로운 균을 없애는 역할도 한다.

젓가락을 많이 쓰는 한·중·일 세 나라에서도 모양에 따라 음식 문화가 다르다. 중국의 젓가락은 길고 뭉툭한 반면 일본은 짧고 끝이 가늘다. 일본은 우동이나 밥을 밀어넣듯 먹는 습관과 생선뼈를 세심하게 갈라내는 데는 알맞다. 한국은 중간크기이며 재질도 나무보다 금속 젓가락을 주로 쓴다.

그런데 요즘 식문화가 많이 바뀌고 있다. 그 중 하나가 식탁에 가위의 등장이다. 젓가락의 기능이었던 음식을 집거나 찢거나 하는 일에 식당은 물론 가정에서도 식가위를 두루 쓰고 있다. 아마도 한국의 경제발전에 따라서 고기 수요가 늘면서부터였을 것이다. 불고기나 돼지고기를 즉석에서 구워먹기를 즐기는 방식이 보편화되면서 고기를 자르기에 젓가락보다 간편하기 때문이다.

제3과 김치와 막걸리

1. 발효 음식 김치

김치(kimchi)는 밥을 먹을 때 곁들이는 채소 밑반찬이다.

외국인 중에는 김치 열렬 팬들이 의외로 많다. 그들은 세 번만 먹어보게 되면 '김치' 소리만 들어도 입에서 *군침이 돈다고 한다. 김치의 매운 맛은 미각을 자극하여 자꾸 먹고 싶게 하기 때문이다. 김치를 서양음식의 샐러드쯤으로 생각해서 맨입에 먹게 되면 매워서 곤란하다. 반드시 밥을 먹을 때 함께 곁들여 먹어야한다.

김치는 채소를 소금에 절여 각종 젓갈과 양념으로 버무려 삭힌 발효식품이다. 김치 종류는 채소에 따라 수도 없이 만들 수 있어서 프랑스의 치즈 종류보다 훨씬 많다. 무를 주로 한 동치미, 깍두기류, 오이, 파, 부추, 고춧잎 같은 *겉절이류에 이르기까지 거의 모든 야채가 김칫감이 될 수 있다. 한국인들은 김치나 된장을

'담그다' 라고 표현한다. 이것은 '숙성(熟成)한다, 익는다, 삭다'
라는 뜻으로 발효된 음식을 만들 때 쓰는 말이다. 김치는 담근
지 며칠이 지나면 유산균의 작용으로 시큼한 특유의 냄새가 난
다. 그 냄새가 나는 김치를 먹게 되면 변비와 성인병 예방에 효
과를 줄 뿐만 아니라 항암효과도 있다고 한다. 김치는 유산균과
채소의 알칼리성과 섬유소 등이 풍부하여 점점 산성화되어 가
는 현대인의 식단을 바꿀 '건강식품' 이다. 김치에 들어가는 고
추에는 비타민C가 사과보다 50배나 많다. 김치가 피부미용과
다이어트에 좋다고 한국으로 김치관광을 오는 외국 여성들도
늘고 있다.

김치는 오래 되어도 버릴 것이 없다. 김치찌개, 김치볶음밥,

김치전, 김치라면, 열무김치 냉면, 두부김치 등 갖가지 음식을 만들어 먹을 수 있다. 또 다른 나라 음식에도 잘 활용할 수 있는데, 가령 중국음식이라면 신 김치와 돼지고기를 같이 볶으면 아주 훌륭한 요리가 될 것이다. 김치를 잘게 썰어서 볶음밥에 넣으면 매콤하며 느끼하지 않아 아주 맛있다. 만두를 먹을 때도 물김치를 곁들이면 술술 잘 넘어간다. 세계인들이 즐겨 먹는 피자나 햄버거 등에도 김치를 곁들여 기름진 식단에 깔끔한 맛을 더하고 있다. 서양 입맛에 맞춘 김치샌드위치나 김치스파게티 같은 퓨전(fusion)음식들도 개발되고 있다.

한국인은 김치만 있으면 다른 반찬 걱정은 안 해도 될 만큼 김치를 매일 먹는다. 그러니 1년 내내 냉장고에는 김치가 떨어지는 법이 없다. 요즘에야 배추가 사시사철 있어 어느 때나 김치를 담을 수 있다. 하지만 예전엔 가을에 생산된 배추로 겨울 동안 먹을 김치를 한꺼번에 100포기도 넘게 담았다. 이렇게 한꺼번에 담는 김치를 '김장'이라고 한다. 김장은 겨우내 먹거리를 마련해두는 큰 집안일이었기에 김장을 담는 날은 이웃 끼리 서로 돕기도 했다. 김치를 담은 김장독을 땅속에 묻어 두고 싱싱한 김치를 겨우내 먹을 수 있었다. 오늘날에는 아파트 생활로 변하면서 땅에 묻는 대신에 냉장고를 쓰는데 한국인들이 쓰는 냉장고가 비교적 큰 것은 김치같은 저장식품이 많은 식생활 때문이기도 하다. 최근엔 김치 맛을 잘 유지한다는 '김치 냉장고'가 개발되어 사랑을 받고 있다. 여성들의 사회활동이 늘어남에 따라 시중에 판매되는 김치도 매우 다양해졌다. 휴대하기에 편리한 포장 김치류나 소량 포장도 많아서 다양하게 선택할 수 있다.

2. 불고기와 쌈

불고기는 김치와 함께 세계에 널리 알려진 한국의 대표적 음식이다. 불고기는 소고기를 양념에 재웠다가 요리하므로 자연히 고기의 맛이 부드럽고 독특한 맛이 나기 때문에 외국인들이 가장 좋아하는 요리다. 또 무엇보다 즉석 숯불 위에서 구워먹는 재미가 있고 고기가 익기를 기다리는 동안 화목한 담소를 자연스럽게 나누게 되므로 사교에 어울리는 음식이다.

불고기 맛의 비결은 양념장에 있다. 아무리 기름진 고기라 해도 갖은 양념으로 버무리면 느끼한 고기 맛은 사라지고 구수한

불고기

깊은 맛을 낸다. 불고기 요리에 들어가는 양념은 간장, 설탕 마늘, 파, 깨소금, 후추, 참기름 등인데, 그 양과 비율에 따라 맛의 개성이 나타난다. 이렇게 만든 양념장에 얇게 저민 쇠고기를 넣고 버무려 하루를 재운다. 양념이 스며든 쇠고기를 숯불에서 즉석으로 구워먹는다. 살짝 구워지면 상추, 깻잎 등의 야채에 싸서 먹는다. 숯불에 구울 때 송이버섯이나 솔잎을 함께 구워 향을 돋우기도 한다. 불고기 외에도 한국인들은 고기를 직접 불에 구워서 먹는 것을 좋아하는데 이는 식욕을 돋우는 좋은 방법이기도 하다.

한편, 고기는 야채와 함께 먹는 것이 영양면이나 맛에서도 잘 어울린다. 불고기나 소고기 혹은 돼지고기 등을 숯불구이를 해서 먹을 때는 신선한 야채로 쌈을 싸서 먹으면 훨씬 맛있다. 육류의 산성과 야채의 알칼리성이 잘 조화가 되는 것이다. 쌈을 싸는 방법은 손을 깨끗이 씻고 왼손 바닥에 상추를 펴놓는다. 그 위에 고기를 놓고 쌈장과 마늘이나 풋고추 등을 곁들여서 싸서 한 입에 쏙 넣는다. 한국 사람들은 쌈을 서로 싸주기도 하면서 따뜻한 정을 나누는 음식문화를 가졌다.

3. 한국인의 술문화

외국인들이 가장 낯설어 하는 것이 한국의 술 문화라고 한다.
"2차, 3차 왜 그렇게 폭음합니까?"
한마디로 한국 남자들은 '술고래(酒鬼)'로 소문나 있다. '술을 할 줄 모르면 사내대장부가 아니다' 혹은 '출세를 못 한다' 고도 하는데, 은근히 술을 권하는 사회를 반영하는 말로 그만큼 한국인은 술을 대접하고 나누는 인심이 후한 편이다. 하지만 폭음 문화가 전통적인 한국의 음주문화를 대변하는 것은 아니다.

옛 선조들은 자연에 감사하고 인생을 즐기는 *풍류로서 술을 가까이 했다. 계절마다 술을 담고 귀한 벗이 오면 아껴둔 좋은 술을 함께 마시며 인생의 풍류를 노래했다. 또한 음식에 맞춰 술을 마시는 건강 중심의 적당히 즐기는 음주문화를 가졌다. 이는 한국의 전통 술이 알콜 성분이 약한 막걸리라는 데서도 증명된다.

한국인은 예로부터 주도(酒道)를 중시했다. 옛 어른들은 술버릇이 혹 잘못될까 봐 처음으로 술을 마실 때는 반드시 어른 앞에서 마시게 했다. 아버지가 아들에게, 선생님이 제자에게 주도를 가르쳤다. 한국의 전통적인 주도는 술은 어른이 허락해야 마실 수 있었다. 그래서 어른이 주는 술은 사양하지 않는다. 윗사람이 술잔을 주면 두 손으로 공손히 받는다. 어른 앞에서는 몸을 뒤로 살짝 돌려 마신다. 이것은 어른 앞에서는 함부로 술 마시는 것을 삼가 하는 의미이다. 또한 술을 연장자나 상사(上士)에게 먼저 권하는 것이 예의이다.

"한국인은 왜 자신이 마신 술잔을 남에게 다시 권하나요?"

대개 서양인들은 한국의 '술잔 돌리기' 문화가 비위생적이라는 생각에서 질문을 한다. 술잔을 돌리는 풍경은 한국만의 독특한 음주 문화일 것이다. 이는 제사때 제주(祭主)가 친척에게 음복(飮福)술을 권하면 받아마신 뒤 반드시 마셨던 잔을 되돌려주는 음주법에서 비롯되었다고 본다. 술잔을 돌리는 것을 '수작(酬酌)'이라 하는데 자기 잔을 다른 사람에게 주는 것은 형제와 같은 친근함의 표현이다. 과거에는 풍류였지만 오늘날에는 이런 풍습이 차츰 사라져가고 있다. 위생적인 면에서도 그렇고, 술을 강요하게 되어 폭음을 가져오는 면도 있기 때문이다. 요즘은 갈수록 자가 운전자들의 증가로 술을 강요하지 않는 음주문화로 바뀌고 있다.

한국인은 술을 혼자 마시지 않고 여럿이 함께 마신다. 그래서인지 한국남성들은 폭음에 비해 서양인들보다 알콜중독자가 적다는 것이다. 한국인은 술을 마시는 장소를 바꿔가며 깊은 대화를 나누는 것이 일반적이다. 1차 술은 간단한 반주(飯酒)로 하다가 2차, 3차로 이어지게 된다. 정작 술의 차수를 더해갈수록 '취중진담'이라 하여 평소 하고 싶었던 말이 나온다. 이렇게 술을 몇차례 같이 함으로써 진정한 동지가 된다고 여긴다. 여기에는 한국의 가부장적 가치관과 연관지어볼 수 있다. 남편과 아버지는 가족에게 항상 강한 모습이라야 한다든가 '내 식구는 내가 벌어먹인다'는 경제적 사명감이 직장의 힘든 생활을 가족에게는 말 못하고 같은 처지의 남성들끼리 술집으로 향하는 것이다. 어쩌면 이러한 심리적 기제는 사회적 중압감 정도에 따라 일어나는 자연스런 과정일 것이다. 술자리에서는 인사불성(人事不省)이 되게 마시고도 다음날 말짱하게 정상적인 근무를 수행하는 것이 한국남성들의 *묵계적인 술문화요, 사회적 주도(酒道)인 것 같다.

4. 막걸리와 소주

한국의 대표적인 전통 술은 막걸리다.

우유처럼 흰 색으로 농도가 탁하여 '탁주(濁酒)'라고 한다. 또 쌀, 밀가루 등 곡식이 주 재료여서 '곡주(穀酒)'라고도 한다. 막걸리는 곡식을 찐 밥에 누룩을 섞어 발효시킨 술이다. 알콜 성분이 6~7도로 낮기 때문에 목이 컬컬하면 물을 마시듯 마셨다. 특히 더운 여름날 농사일을 마친 후에 시원한 막걸리 한 잔은 물 대신이자 탄수화물 식품이라 배도 든든하게 하였다. 즉, 막걸리는 술이면서 건강식품이다. 막걸리 잔은 밥그릇만한 크기로 다른 나라의 술잔에 비해 제법 크다. 술이 독하지 않아 곁들여먹는 안주가 많이 필요치 않다. 김치나 부침 전 하나만 있어도 주안상이 되었다. 그래서 더욱 서민적인 운치를 주는 민속주다.

탁주 외에 전통 술로는 인삼으로 만든 인삼주나 경주의 법주, 안동의 안동소주 등이 있다. 흔히 한국인들은 소주를 즐겨 마시는데, 원래 소주는 곡식을 증류시켜 그 이슬을 받아내는 증류법으로 만든 술이라 워낙에 양이 많지 않다. 그래서 공장에서 화학식 소주를 대량생산하게 된 것이다. 현재 한국 남자들이 즐겨 마시는 '진로'나 '참이슬' 등이 그것이다. 1950년대 한국동란 이후 서양인들과 함께 맥주나 양주도 알려졌지만 소주만큼 대중적이지 않다. 공장에서 대량 생산된 소주는 알콜 도수가 낮고 값이 싸서 196,70년대 국민 모두가 허리끈을 조여매고 열심히 일 할 때, 소주로 피곤을 풀었던 대표적인 술이었다. 소주를 마실 때 '돼지 삼겹살구이'를 안주로 즐겨 먹는다.

막걸리와 소주

exercises

01 다음 사항을 읽고 그 설명이 맞으면 (   ) 안에 O, 틀리면 X를 하시오.

   1) 한국인의 식습관으로 보아 다른 나라에 비해 비만 인구비율이 낮다. (   )

   2) 한국 음식 중에 국은 서양식 수프(soup)와 같아서 국만 마셔도 된다. (   )

   3) 한국의 대표적인 전통 술은 소주다. (   )

   4) 밥그릇이나 국그릇 등을 손에 들지 않고 상 위에 두고 먹는다. (   )

   5) 김치는 발효식품으로 성인병을 예방하고 항암효과도 있는 건강식품이다. (   )

02 한국의 식당에서는 김치나 국 등을 따로 더 주문해도 무료로 서비스된다. 그 이유가 무엇인지 설명해보시오.

03 한국 음식을 슬로우 푸드(slow food)라고 하는 사람들도 있다. 그 이유를 설명하고 해당되는 음식을 예로 들어봅시다.

04 한국인의 전통적인 주도(酒道)에 맞게 술 마시는 예절을 나열해봅시다.

05 한국 음식 중 자신이 좋아하는 음식을 골라서 그 음식의 특징과 좋아하는 이유와 만드는 법 등을 서술해보시오. 또한 자신의 나라 음식과 비슷한 한국 음식이 있는지 서로 이야기를 나눠봅시다.

- **의아(疑訝):** 의심스럽고 이상함.

- **찰기:** 쫄깃하게 차진 기운.

- **푸대접(待接):** 아무렇게나 하는 대접.

- **윤기:** 반들거리는 기운.

- **퍼석한/퍼석하다:** 메마르고 연하여 부숭부숭하고 부스러지기 쉽다.

- **간간하게/간간하다:** 입맛이 당기게 약간 짠 듯하다.

- **간:** 짠 조미료(소금 · 간장 · 된장 따위).

- **출출할/출출하다:** 배가 약간 고픈 느낌이 있다.

- **얼큰한/얼큰하다:** 매워서 입 안이 얼얼하다.

- **데이고/데다:** 뜨거운 기운이나 물질에 닿아 살갗이 상하다.

- **숙성(熟成):** 익어서 충분하게 이루어짐. 물질을 적당한 온도로 오랜 시간 방치하여, 화학 변화를 일으키게 하는 일.

- **느끼해/느끼하다:** 비위에 거슬릴 정도로 기름기가 많다.

- **약리(藥理):** 약품에 의해 일어나는 생리적 변화.

- **채식(菜食):** 고기를 피하고 푸성귀로 만든 반찬만을 먹음.

- **숭늉:** 밥을 지은 솥에 물을 부어 끓인 것.

- **겸상(兼床):** 두 사람이 한 상에 마주 앉게 차린 상. 또는 마주 앉아 식사하는 일.

- **물린/물리다:** 다른 쪽으로 옮기어 놓다. 자리를 치우려고 거기에 놓인 물건을 집어내다.

- **군침:** 속이 느긋거리거나 구미가 당겨 입 안에 도는 침.

- **맨입:** 아무것도 먹지 않은 입.

- **겉절이:** 열무 · 배추 따위를 절여 곧바로 무쳐 먹는 반찬. 생절이.

- **풍류(風流):** 속된 일을 떠나 풍치가 있고 멋스럽게 노는 일.

- **묵계(默契):** 말 없는 가운데 우연히 뜻이 맞음. 또는 그렇게 해서 성립된 약속.

집안에서
신발을 벗는다고요?

제1과 전통 한옥

1. 초가집과 기와집

예로부터 한국인들은 *집터를 중시하였다.

집 뒤에는 산이 있고, 앞에는 물이 흐르는 배산임수(背山臨水)형태처럼 음과 양이 서로 조화가 되는 곳을 좋은 집터라고 여겼다. 또 한국인들은 햇볕이 잘 들고 차가운 바람을 막을 수 있는 남향을 선호한다. 한국의 아파트 동(棟)들이 유난히 일렬로 늘어선 모습도 남향을 좋아하는 것의 반영이기도 하다.

한국의 전통적인 집을 한옥(韓屋)이라 한다. 한옥은 초가집과 기와집으로 나뉜다. 초가집은 서민들이 벼농사를 짓고 남은 볏짚을 이용해 초가지붕을 만든 데서 그렇게 부른다. 벽은 황토 진흙으로 발라서 인체에 질병을 예방하는 기운이 나오게 했다. 바닥은 온돌을 장치하여 겨울에는 보온을 하고, 여름에는 습기를 제거해 준다.

기와집은 기와로 지붕을 엮은 것인데 주로 양반들이 사는 집이다. 기와 지붕의 끝 모양은 휘어 오르는 것 같은 자연스런 곡선이다. 흔히 한국의 미(美)를 일컬을 때, 한옥 지붕의 이런 자연스런 곡선이나 한복 저고리의 은은한 곡선을 예로 들어

초가집과 기와집

서 말하기도 한다.

2. 한옥의 구조

한옥의 구조는 크게 *마루와 구들(온돌)로 이루어져 있다.

마루는 개방적이라 여름에 시원함을 주고 구들은 겨울에 따뜻함을 준다. 추운 북쪽지방에서는 온돌방이 발달하였고, 더운 남쪽 지방에서는 마루가 발달되었다. 마루와 구들이라는 서로 다른 구조물이 조화를 이루어 낸 것이 다른 나라에서 찾아보기 어려운 한옥만의 독특한 특징이다. 중국의 집에는 중원지방을 기준으로 보면 마루와 구들을 찾아보기 어렵다. 일본의 집에는 마루와 다다미를 깐 방은 있으나 구들 놓은 온돌방이 없다.

이 밖에도 한옥의 구조는 낮은 담, 대문, 트인 마당, 댓돌, 마루, 방, 온돌, 부엌, 장독대 등으로 이루어져 있다. 한옥은 대개 돌담으로 둘러싸여 있고 대문을 들어서면 마당을 중심으로 'ㄱ'자형 또는 'ㄷ'자형의 기와집이 나온다. 본 건물은 안방과 *대청, 그리고 건넌방과 사랑방으로 꾸며지고, 대문 옆으로는 *외양간이나 *곳간 혹은 하인이 사는 행랑채가 붙어 있다.

한국의 담은 높지 않다. 서민들의 초가집 담은 흙이나 돌로 쌓아 나지막하다. 도둑이나 짐승을 막기 위한 높이도 아니니 그저 남의 집과 경계를 표시한 정도에 불과하다. 초가집의 대문은 각종 나뭇가지로 엉켜 짠 사립문이다. 사립문은 내부가 다 보이므로 외부 사람이 집으로 들어오지 못하게 막는 의미는 없다. 그저 문이라는 표시로 있을 뿐이다. 이처럼 한옥의 울타리는 내부의 풍경이 '보일락 말

한옥의 구성(마루, 부엌, 우물과 장독대)

락' 하는 높이로 서로가 믿고 사는 혈연공동체적인 한국인의 정서를 잘 드러내고 있다. 기와집의 담은 돌과 흙으로 비교적 단단하게 쌓고 나무로 만든 솟을 대문을 하여 초가집보다는 내부를 다소 차단하고 있다. 하지만 다른 나라에 비하면 한국의 담과 대문은 비교적 낮아서 외부 사람들에게 열려있는 모습에 가깝다. 기와집의 대문 옆에는 남자들이 있는 사랑채가 있다. 중간 문을 거쳐 안으로 들어가면 부녀자들의 공간인 안채가 있어 남녀 공간이 분리되는 구조다. 뒷마당에는 부엌에서 연기를 빼는 굴뚝과 *장독대가 있기도 하다.

한옥은 마당을 거쳐 마루로 올라가서 방으로 들어가는 구조이다. 이때 마루로 올라가기 전에 신발을 댓돌에 벗어둔다. 옛날 말에 '댓돌 위에 신발이 가지런히 놓인 집은 도둑이 들지 않는다'고 한다. 신발 벗어둔 모습을 보면 그 집 사람들의 마음가짐을 읽을 수 있다는 것인데, 그만큼 담 밖에서 보면 댓돌의 신발까지도 훤히 볼 수 있을 정도로 한옥은 개방적이다. 특히 한반도의 남쪽은 온난하므로 마당이 훤히 보이는 ㄱ자형 초가집이 많다. 한국은 학교 모습도 집과 비슷해서 담장도 낮고 교문 앞에 탁 트인 널찍한 운동장이 있어 그 뒤로 교실들이 훤히 보인다. 이와 달리 중국의 담과 대문은 집 내부를 가릴 정도로 높다. 중국 학교 모습도 집과 비슷해서 대부분의 학교도 교문이 있으면 바로 앞에 건물이 있고 그 뒤에 운동장이 있는 구조라 학교의 내부가 훤히 보이지 않는다.

마루는 나무로 되어 있어서 안방과 건넌방을 중간에서 잇는 대청마루와 툇마루가 있다. 대청마루는 넓어서 여름에는 밥을 먹기도 하고 잠을 자기도 하며 제사를 지내기도 한다. 오늘날의 거실과 같은 역할로 가족들의 대화 장소였다.

안방은 주로 부엌과 같이 붙은 방으로 안주인이 거처한다. 부엌에는 밥솥을 거는 부뚜막이 있고 밥에 불을 *지피는 아궁이와 그릇을 올려놓는 *살강이 있다. 식사는 방에서 하므로 예전에는 부엌에서 밥상을 차려 들고 방으로 들였다. 부엌 부근에 우물이 있고 장독대가 있다. 장독대는 1년 내내 먹을 기본양념이 저장된 곳인 만큼 매우 소중하게 여겼다. 오늘날 아파트에서는 이 장독대의 역할을 냉장고가 하므로 한국인들은 냉장고가 큰 것을 비교적 좋아한다.

서울에서는 남산의 한옥마을과 지하철 안국역 부근에 있는 북촌 한옥마을이 있어 옛날 주거생활을 감상할 수 있다. 특히 남산 한옥마을에서는 조선시대 전통가옥을 감상하면서 전통결혼식 공연도 볼 수 있다.

제2과 온돌과 좌식생활

한국 사람들은 집안에서 신발을 벗는다.

이를 궁금해 하는 외국인들이 많다. 한 마디로 실내 바닥이 따뜻하기 때문이다. 그래서 한국인들은 아파트에서도 식당에서도 의자가 있지만 의자에 앉기 보다는 방바닥에 앉기를 즐긴다. 추운 계절이 되면 더욱 그렇다. 바닥이 따뜻하니 앉아도 되고, 앉다보니 신발 신을 필요가 없다. 실내에서 신을 벗으면 그만큼 깨끗해진다.

어느 나라든지 집을 만들 때 난방은 화로에 의존하는 것이 보통이다. 하지만 한국인들은 땅에서 올라오는 찬 기운을 막는데 화로만으로는 불충분하다고 생각했다. 이러한 불편을 한국인들은 일찍이 온돌(따뜻한 돌)을 발명함으로서 *해소하였다.

온돌은 방바닥을 *데우는 난방 방식이다. 부엌의 아궁이에 장작을 *때면 그 불기운이 방바닥에 깔아둔 구들(평평한 돌)을 *달구어 온 방을 따뜻하게 덥히는 열전

온돌구조 그림

도 난방이다. 아궁이에서 생기는 연기는 굴뚝으로 빠져나간다. 아궁이에 불을 때면 부뚜막에 걸려있는 솥에서는 음식을 할 수 있으니 취사와 난방이 한꺼번에 되는 열효율이 높은 방식이다. 온돌은 한번 뜨거워진 구들로써 오랫동안 방바닥이 따뜻하게 되는 것이다. 그래서 추운 겨울에도 따뜻하게 지낼 수 있다. 온돌의 기운을 받아서 혈액순환이 촉진되므로 나이가 들수록 온돌난방은 건강에 좋다.

하지만 구들장이 데워지는 데는 시간이 걸리고 또 방바닥 전체가 골고루 따뜻하기가 어려웠다. 온돌은 부엌 아궁이쪽에 가까운 곳이 가장 따뜻하므로 '아랫목'이라 한다. 이 아랫목은 여러 역할을 한다. 손님이 오거나 연장자(年長者)가 있으면 양보하는 자리가 되기도 한다. 외출을 하고 돌아오면 얼른 아랫목에 펴놓은 *포대기 밑에 *언 손과 발을 넣고 녹이기도 한다. 밥그

룻을 담요에 싸서 아랫목에 넣어두기도 한다. 아랫목은 오밀조밀 모여 앉아 얘기 꽃을 피우기도 하고 할아버지가 손자에게 구수한 옛날이야기를 해주던 구전(口傳) 의 역사가 펼쳐지던 곳이기도 했다.

또 뜨거운 아랫목은 산모(産母)가 몸을 *푸는 곳이기도 했다. 산모는 아랫목에 누워 몇 달을 보내는데 이렇게 하면 몸의 회복이 빠르고 산후의 잔병치레도 줄어들었다. 이것은 온돌이 치료효과가 있음을 의미한다. 돌과 황토 흙이 데워져서 나오는 온열요법이 요즘으로 말하면 원적외선과 같은 효과를 준 것이다. 아이들이 찬 것을 먹어 배탈이 나면 뜨거운 방바닥에 배를 대곤 하던 것도 바로 이런 효과가 있었기 때문이었다.

이처럼 온돌은 한국만의 독특한 삶의 방식을 만들어내었기에 한국인들은 세계 어디를 가서 살아도 따뜻한 바닥을 원해서 전기장판을 빠트리지 않는다. 미국의 모 백화점에서 '미니 온돌(mini ONDOL) 이라 쓰여 진 소형전기 담요가 팔린 적이 있다고 한다. 그것도 대 회사인 제너럴 일렉트릭 제품으로서 히트(hit) 상품으로 홍보했다고 한다.

한국인들은 온돌 바닥에 몸을 대고 따뜻함을 느끼는 좌식(坐式)생활에 익숙하다. 좌식생활은 공간 활용이 자유롭고 가구가 많이 필요치 않다. 서양은 침실과 식당 등으로 공간이 나뉘어 있고 그에 따라 침대나 식탁 등 가구가 차지하는 공간이 필요하다. 하지만 한국의 방은 상 하나만 있으면 된다. 안방에 상을 *펴면 밥을 먹는 공간이 되고 책상이 되어 공부방도 된다. 저녁에는 방바닥에 *요와 이불을 펴고 누우면 침실도 되는 것이다.

말하자면 온 가족이 저녁을 먹은 후 잠자기 위해 각자 침실로 흩어질 필요없이, 따끈한 아랫목에 이불을 펴고 둘러앉아 오밀조밀 대화를 꽃피우니 자연히 가

족의 유대가 강화되는 것이다. 따라서 온돌에 따른 좌식생활이야말로 가족애를
소중히 여기는 한국 가족의 특징과 잘 맞는 공간이다.

제3과 아파트와 현대 건축

서양문물의 전래로 한옥은 양옥으로 바뀌었다.

1960년대부터 도시화가 이루어지면서 도시에서는 아궁이에 불을 때는 땔감 대신에 연탄 온돌이 보급되었다. 1970년대 경제성장과 도시 개발이 활발해짐에 따라 아파트가 급속히 보급되었다. 지금은 민속촌이라고 지정된 곳에 가야만 초가집을 볼 수 있을 정도이다. 농촌의 주택들이 텅 비어 있는 것과는 대조적으로 도시에서는 날마다 고층 아파트가 들어선다. 최근엔 대도시 인구의 반이 아파트 인구라 해도 과언이 아닐 정도로 아파트 생활이 보편화되었다. 그러다보니 온돌대신에 스팀 난방이 나오는 아파트에서 거주하고, 방바닥보다는 침대생활을 하는 사람들이 급속 늘었다.

그러나 여전히 한국인은 침대든 방바닥이든 '등이 따뜻해야 잠자리가 편하다'는 습관을 가진 민족이다. 수천 년을 이어온 풍습이 남아서 한국인들은 아파트에서도 온돌형태의 난방을 개발했다. 즉, 방바닥에 온수 파이프를 *매설하여 순환

잠실종합운동장

시키는 보일러 난방을 설치한다. 한겨울이면 뜨끈뜨끈한 방바닥이 그리운 기성세대들은 '찜질방'이라는 휴식공간을 즐기기도 한다.

최근엔 유류(油類) 파동과 공해 등을 감안할 때, 초가집과 온돌난방이야말로 합리적인 에너지 절약형 주택이라고 세계의 관심을 모으고 있다. '세계온돌연구학회'에 따르면 온돌을 사용할 경우 입식 생활에 쓰이는 환기식 난방법보다 약 20% 이상의 에너지가 절약된다고 한다.

좌식생활 위주인 주택과는 달리 건축미를 자랑하는 현대 건축물도 있다. 대표적인 현대 건축물에는 동양 최고높이를 자랑하는 63빌딩, 86 아시안 게임과 88년 서울 올림픽이 열렸던 잠실종합운동장, 서울월드컵경기장, 세종문화회관과 예술의 전당 그리고 뾰족집으로 불리는 명동성당 등이 있다. 특히 명동성당은 한국의 천주교를 대표하여 1898년 준공되었는데 한국 유일의 순수 고딕양식의 건물이다.

01 다음 사항을 읽고 그 설명이 맞으면( ) 안에 O, 틀리면 X를 하시오.

　　1) 한국인들은 햇볕이 잘드는 남향집을 선호한다. (　　)

　　2) 한국의 담은 높아서 집안이 전혀 보이지 않는다. (　　)

　　3) 한국 사람들은 집안에서 신발을 벗는다. (　　)

　　4) 한국인은 의자에 앉기 보다는 방바닥에 앉기를 즐긴다. (　　)

　　5) 요즘도 한국의 도시에서는 전통집인 초가집을 볼 수 있다. (　　)

02 전통적으로 내려오는 한국인의 난방 방식을 간단하게 써보시오.

03 최근 도시에 사는 한국 사람들에게 매우 보편화된 주거 형태는 무엇입니까?

04 한국 사람들의 좌식생활은 서양의 입식에 비해 공간 활용이 자유롭다는 장점
　　이 있다. 그 예를 둘 이상 들어서 설명해보시오.

05 서울 남산에 있는 한옥마을이나 기타 한옥을 방문해서 둘러봅시다. 한옥이 최
　　근엔 유류(油類) 파동과 공해 등을 감안할 때, 에너지 절약형 주택이라고 세계
　　의 관심을 모으고 있는 점에 대해 그 장단점을 서로 이야기 나누어봅시다.

- **집터**: 집이 앉은 자리. 집이 있던 빈 터.

- **마루**: 집채 안의 나무 널빤지로 바닥을 깔아 놓은 곳.

- **대청(大廳)**: 한옥에서 몸채의 방과 방 사이에 있는 큰 마루.

- **외양간**: 소나 말을 기르는 곳.

- **곳간(庫間)**: 물건을 간직해 두는 곳. 창고.

- **솟을대문**: 행랑채의 지붕보다 높이 솟게 만든 대문.

- **장독대**: 간장, 된장 등을 담은 단지나 독을 놓아두는 곳.

- **지피는/지피다**: 아궁이 · 화덕 등에 땔나무를 넣어 불타도록 하다.

- **살강**: 그릇을 얹어 놓기 위해 시골집 부엌의 벽 중턱에 드린 선반.

- **해소(解消)**: 이제까지의 일이나 관계를 해결하여 없애 버림.

- **데우는/데우다**: 찬 것에 열을 가하여 덥게 하다.

- **때면/때다**: 아궁이 속에 불을 지펴 타게 하다.

- **달구어/달구다**: 불을 많이 때어 방을 뜨겁게 하다.

- **포대기**: 어린아이의 이불. 강보(襁褓).

- **언/얼다**: 추위로 몸의 한 부분의 감각이 없어지다.

- **푸는/풀다**: 피로 · 독기 같은 것을 없어지게 하다.

- **펴면/펴다**: 개킨 것을 젖혀 놓다.

- **요**: 사람이 눕거나 앉을 때 바닥에 까는 침구의 하나.

- **매설(埋設)**: 지뢰 · 수도관 등을 땅속에 파묻음.

남북 분단과 '한강의 기적'을 아시나요?

제1과 민주 정치와 남북분단

1. 대통령과 행정부

대통령 중심제

한국에서 대통령은 나라를 대표하며 행정기구의 최고 *수반이다.

국민들의 직접 투표로 선출되며 5년 임기의 단임제이다. 일반적인 대통령의 권한으로는 국가 최고 통치자로서 대외적으로 국가를 대표하여 외국과의 조약이나 외교사절, 나라의 *안위를 위해 *선전포고 및 국가긴급사태 등을 명령하고 입법, 행정, 사법을 중재하며 국회의 임시집회를 요구할 수도 있으며 헌법기관이나 대법원장, 국무총리 등을 임명할 수 있는 권한 등이 있다.

한국의 대통령 중심제는 1948년 7월 17일(제헌절)에 대한민국 헌법이 공포되면서 시작되었다. 역대 대통령으로는 1~3대 이승만(1948~1960년) → 4대 윤보선 → 5~9대 박정희(1963~1979년) → 10대 최규하 → 11~12대 전두환 → 13대 노태우

→ 14대 김영삼 → 15대 김대중 → 16대 노무현 → 17대 이명박 → 18대 박근혜 대통령 순이다.

18대 박근혜 대통령

한국인들은 정치에 비교적 관심이 많은 국민이라고 한다. 그래서인지 한국인들은 통치 지도자나 정부를 부르는 이름도 다양하다. 흔히 초기 정부였던 이승만 대통령 시기를 '자유당 시절'이라고 부르고, 박정희 대통령이 재임했던 시기를 '제 3공화국'이라 칭하며 전두환 대통령 재위시기를 '제 5공화국' 이라고 부르기도 한다. 이후 군인 출신의 대통령이 아닌 김영삼 대통령 때부터는 문민정부라 칭하게 되면서부터 요즘은 국민 정부, 참여정부 등으로 '정부' 라는 단어를 주로 쓴다.

박정희대통령과 새마을 운동

이승만 초대 대통령은 민주공화국의의 기초를 닦았으나 정치적 분열과 6.25 동족상쟁으로 가난과 상처로 얼룩진 시대를 겪는다.

박정희(朴正熙) 대통령은 5.16 군사혁명을 일으켜 엄격한 군인정신으로 혼란한 정치를 쇄신한다. 1960년대 초반, 박정희 대통령은 그 당시 세계에서 가장 가난한 나라에서 벗어나기 위해 국민들에게 "잘 살아보세"를 외치며 경제개발 5개년 계획을 세운다. 전쟁에 시달려온 국민에게 희망을 불어넣고 국민정신을 계몽하기 위한 운동으로 '국민교육헌장' 을 반포한다. 또한 새마을운동으로 농촌을 잘 살게 하는 등 '한강의 기적'이라는 경제부흥을 이루어 오늘날 한국경제의 *밑거름을 일구었다. 세계 경제 대열에서 한국인의 근면성과 '할 수 있다'는 진취적 기상을 심어준 지도자였다고 평한다. 하지만 위대한 업적에도 불구하고 장기집권에 따른 국민과의 갈등이 있었다.

전두환 대통령 시기에는 5.18 광주 민주화 운동이 일어나 정부와 국민사이에 상당한 갈등을 겪었다. 하지만 재임했던 1980년대에는 지속적인 경제 발전으로 1988년 서울올림픽 개최를 가져올 수 있었다. 1990년대 들어 김영삼 대통령 출범으로 그동안 줄곧 군인출신이 대통령이 단락되었다는 뜻에서 '문민정부'라 불려졌다. 김대중 대통령은 오랜 *야당의 정치 지도자였다. 그는 특별히 남북문제에 관심을 가져 북한에 대해서는 '햇볕정책'이라 불렸던 포용

남북정상회담

정책을 썼다. 김대중 대통령은 재임 시기에 한국의 지도자로서는 최초로 북한을 직접 방문하여 *남북정상회담을 하였다. 이처럼 김대중 대통령은 남북화해와 동아시아의 긴장을 완화하여 세계평화에 이바지 하였다는 공로로 2000년 '노벨 평화상(The Nobel Peace Prize)'을 수상하기도 했다. 2013년에 취임한 제 18대 박근혜 대통령은 최초의 여성 대통령이다. 부친 박정희 대통령의 영향으로 정치적 길을 오랜 시간 걸어온 지도자로 국민행복, 복지국가 실현을 내세우고 있다.

행정부

행정부란 흔히 정부라고 말하며 국가행정사무를 집행하는 기구이다. 정부 조직은 대통령을 수반으로 하는 국무회의와 여러 행정기관이 있다.

중앙정부 부처에 대통령의 집무 관청인 *청와대가 있다. 대통령실과 국무총리실의 2실을 비롯하여 법제처, 국가보훈처 등 2처, 국민권익위원회, 금융위원회, 공정거래위원회 등 3회, 기획재정부, 교육부, 외교통상부, 통일부, 법무부, 국방부, 안전행정부, 보건복지부, 여성가족부, 국토교통부, 해양수산부, 미래창조과학부 등 17부와 그 아래 국세청, 관세청, 기상청 등 15청이 있다. 그 밖에 한국관광공사와 같은 정부 산하의 공공기관단체가 있다.

각종 공공기관 관청 앞에는 정부를 상징하는 정부 깃발이 달려 있다. 이런 기관에서 일하는 사람을 공무원이라 한다. 공무원은 1급에서 9급까지 있는데 9급이 가장 낮다.

한국은 지방자치제(地方自治制)를 실시하고 있다. 지방자치 단위로는 특별시, 광역시, 도(道) 등 광역자치단체와 시, 군, 구, 면 등의 기초자치단체로 나누어 실시하고 있다. 현재는 서울특별시와 6개의 광역시(부산, 인천, 대구, 울산, 대전, 광주광역시)가 있고 그 아래 9개의 도(道)가 있다(경기도, 충청남북도, 전라남북도, 경상남북도, 강원도, 제주도). 서울특별시를 비롯한 각 시에는 시장과 시의회가 있다. 도(道)의 행정을 총괄하는 도지사가 있고 도의원이 있다. 도지사, 시장, 도의원, 시의원은 모두 국민 직선제로 선출된다.

따라서 한국 국민이 선거를 하는 것에는 3종류가 있다. 하나는 대통령을 뽑는 대통령선거('대선'이라고 부름), 국회의원을 뽑는 총선거(총선), 그리고 지방자치단체의 장(시장, 도지사, 시군구청장) 및 지방의원을 뽑는 지방선거가 있다.

2. 국회와 입법

국회(國會)는 국민의 뜻을 정치에 반영하여 입법권을 행사하는 국가 대표 기구이다. 입법부로서 국가의 법률을 제정하고 예산을 심의하며 중요한 정책을 결정하는 최고 의사결정기관이다.

국회의원은 국민의 선거로 선출되며 그 임기는 4년이다. 국회의원에는 국민투표에 의해 직접 선출된 지역구 출신의원이 2/3를 차지한다. 나머지는 정당의 득표율에 의해 선출된 전국구 의원이 있다. 국회의원의 정수는 법률로 정하되 200

인 이상으로 하고 있다.

국회에는 의장 1명과 부의장 2명을 두고 있다. 의장과 부의장은 재적의원 과반수의 득표로 당선되며 임기는 2년이다. 국회의 회의는 정기회와 임시회로 구별한다. 정기회는 매년 1회이며 9월에 소집되고 회의 기간은 100일을 초과할 수 없다. 임시회의는 대통령 또는 국회 재적의원 1/4 이상의 요구로 열리며 회의 기간은 30일을 초과하지 못한다.

의회와 더불어 생각해볼 것은 한국의 정당정치이다. 한국의 정당은 다당제(多黨制)로 대한민국 정부 수립 후부터 오늘에 이르기까지 수많은 정당들이 있었다. 일반적으로 정당은 정권을 창출한 여당(與黨)과 집권 세력의 반대인 야당(野黨)으로 나뉜다. 한국은 대통령중심제이므로 대통령을 배출한 당이 여당이다. 이승만 정부 때 자유당, 박정희 정부 때 공화당(민주공화당)과 그 뒤로 민정당(민주정의당), 민자당(민주자유당), 한나라당, 새누리당 등이다.

한국의 국회는 서울 여의도에 있다. 아름다운 한강을 배경으로 크고 둥그런 녹색의 지붕을 멀리서도 볼 수 있는데 그것이 국회의사당(國會議事堂)이다. 국회의사당 앞에서는 간혹 국민들이 불편한 점을 직접 국회로 들고 나와 데모를 하는 모습도 볼 수 있는데 민주사회의 자연스런 모습이라 할 수 있다. 정기국회가 열리거나 특별한 날을 제외하고는 국회의사당을 견학할 수도 있다. 다만, 참관하기 전에 미리 온라인으로 예약 신청을 해야 한다.

3. 사법과 언론

사법

한국은 *헌법(憲法)을 준수하는 법치국가다. 헌법은 국가의 통치 체제에 관한 근본 원칙을 정한 최고 기본법이다. 헌법 아래에 여러 종류의 하위 법률이 있다. 한국의 헌법은 1948년 7월 17일에 제정되어 선포되었다. 이 날을 '제헌절'이라 부르며 공휴일로 지정하여 그 의의를 기념하고 있다. 헌법 제 1조는 다음과 같은 2개 조항으로 되어 있다.

1. 대한민국은 민주공화국이다.
2. 대한민국의 주권은 국민에게 있고 모든 권력은 국민으로부터 나온다.

헌법에 명시된 대로 나라의 주인은 국민이므로 정치가나 국민이 모두 헌법에 기초하여 국가운영이 이루어진다. 따라서 헌법을 개정하기 위해서는 국회의원 3분의 2 이상이 동의하고 국민투표에서 통과되어야 한다. 헌법에는 기본적으로 국민의 권리와 의무가 명시되어 있다. 예컨대 거주와 취업, 종교, 언론과 결사의 자유와 선거참정권 등의 권리가 있다. 동시에 국민은 국방의 의무, 납세의무, 교육의 의무, 근로, 환경보존의 의무 등이 명시되어 있다.

한국에는 헌법재판소라는 특별 기구가 있다. 이것은 헌법이라도 국민의 자유와 권리를 침해할 수도 있다면 그 위헌 여부를 판단하기 위해 설치된 특별재판소다. 이로써 헌법이 모든 법의 기준이 되므로 더욱 신중하게 집행되어야 함을 뜻한다. 헌법재판소는 독립기관으로 9명의 재판관으로 구성되며, 공정한 판정을 위해 정당에 가입하거나 정치에 관여할 수 없다. 헌법재판소장은 대통령이 임명한다.

법을 집행하는 최고법원은 대법원이다. 대법원장은 사법의 최고 수반으로 임기는 6년이며 대통령이 국회의 동의를 얻어 임명한다. 집행 과정으로는 일반적으로 지방 법원 → 고등법원 → 대법원으로 그 위계체계를 거쳐 올라간다. 국민이 공정한 재판을 받을 권리를 보호하기 위해 세 번까지 재판이 이루어질 수 있도록 하는 3심 제도를 두고 있다.

법관이 되기 위해서는 사법고시에 합격해야 하며 합격하면 판사, 검사, 변호사로 일할 수 있다.

언론

한국은 언론의 자유가 보장된 나라다. 언론기관으로는 텔레비전 방송국, 라디오 방송국, 유선방송국, 통신사 그리고 신문 잡지사, 출판사 등이 있다.

방송 언론으로는 보통 지상파로 불리는 KBS(한국방송공사), MBC(문화방송), SBS(서울방송)의 방송3사가 있다. 그 중 KBS는 *시청료를 받는 공영방송으로 KBS1, 2로 나뉘어서 방송되고 있다. 또 EBS(교육방송)와 해외교포나 외국에 거주하는 국민들을 위한 ARIRANG TV(재외동포방송)도 함께 운영하고 있다.

한편 1995년 무궁화 위성이 발사됨에 따라 한국에서 위성방송 시대가 열렸는데 스카이 라이프(Sky Life)가 대표적인 위성방송사이다. 그 밖에 케이블 유선방송(CATV, cable television)이 있다. 유선방송은 공공성은 떨어지지만 영화, 음악, 드라마, 종교, 홈쇼핑 등 다양한 영역의 정보를 쉽게 접할 수 있다. 라디오의 경우 각 방송국 보유 AM, FM을 비롯해 기독교방송(CBS), 극동방송(febc), 평화방송(PBS), 불교방송(BBS) 등의 종교방송과 음악방송, 교통방송 등이 진행되고 있다. 앞으로는 한국의 빠른 IT 기술의 발달로 인터넷 방송, 디지털 방송 등 다양한 미디어 환경을 더욱 즐기게 될 것이다.

한국 대표적인 5대 일간지를 들자면 동아일보와 조선일보, 한국일보, 중앙일보, 한겨레신문 등이 있다. 동아일보와 조선일보는 1920년대에 창간되어서 비교적 기성세대의 독자를 많이 확보하고 있다. 지방 신문으로 대구매일 신문이나 광주일보 등이 있고 종교단체신문으로 불교신문, 기독교 신문인 국민일보 등이 있다. 최근에는 신문사들이 인터넷으로도 읽을 수 있는 전자신문을 함께 운영하고 있어 독자들은 어떤 언론매체든지 쉽게 이용할 수 있다.

또 서점도 예스 24(http : //www.yes24.com)와 같은 인터넷 서점들도 많아서 책을 검색해서 온라인으로 주문하거나 해외 배송도 가능하다.

한국에서는 언론재단(http : //www.kinds.or.kr)이 있어서 언론이 자유롭게 의사를 표현하는데 도움을 주고 있다. 반면 언론이 간혹 지나쳐서 언론으로부터 피해를 받을 수도 있다. 이런

한국의 대표적인 일간지

경우 '언론중재위원회' 라는 기관을 설치해두고 있는데 언론
으로부터 피해 받은 것을 상담하고 구제받을 수 있도록 도와
주고 있다.

4. 분단과 외교 정책

휴전선과 판문점

휴전선은 한반도의 남북한 분단선이다.

6.25 동란은 1950년 6월 25일에 남한과 북한이 동족 간에 전
쟁을 한 사건을 말한다. 오늘을 사는 한국인의 가슴을 가장 아
프게 하는 역사적 현실이다. 따라서 한국인들은 남북통일의 염
원과 그 의무를 함께 지니며 살아가고 있다.

6.25동란의 역사적 배경으로는 일본의 강제점령으로부터 1945년 8월 15일 해방이 되던 시점으로 거슬러 올라가서 이해해야 한다. 일본으로부터 주권을 회복하고 *광복을 맞이할 수 있었던 것은 끊이지 않고 전개해온 민족의 독립운동과 2차 세계대전의 연합군 승리에 힘입어서 이루어진 것이었다.

　따라서 한민족은 새로운 정치체제와 지도자를 갖추는 독립정부를 고대했다. 당시 세계는 2차 대전 후 미국을 위주로 한 자유진영과 소련을 중심으로 한 공산진영의 대립된 정치구도였다.

　한반도에서도 미국과 소련을 각각 지지하는 정치세력이 일어나게 됨으로써 북위 38도선을 경계로 남과 북으로 나라가 분단되고 말았다. 1948년 8월 15일, 남한에서는 대한민국정부가 수립되고 북한에서도 조선민주주의인민공화국이 수립되었다. 이것으로 남과 북에 각기 다른 체제의 국가가 들어서서 지금까지 분단국가로 남아 있다.

　그러던 중 소련의 지원을 받은 북한이 1950년 6월 25일, 갑작스레 남한을 침략해왔다. 서울이 3일 만에 함락되고 대구, 부산을 제외한 대부분 지역이 한 달 만에 공산치하에 들어갔다. 당시 국제연합국(UN)에서는 16개국이 참여한 유엔군을 한국에 파견하여 도움을 주었다. 그 때 총사령관이었던 미국의 맥아더 장군은 인천상륙작전을 성공시켜 압록강까지 진군하였다. 하지만 이듬해에 중국공산군의 *개입으로 다시 치열한 전투가 계속

판문점

되다가 마침내 1953년에 휴전협정이 체결되었다. 이 협정에 따라 설정된 군사분계선이 곧 휴전선이다.

휴전선을 경계로 남·북 각각 2km의 지대가 비무장 지대(DMZ)이다. 판문점은 이 비무장지대 안에 있으며 6.25전쟁의 휴전협정이 체결된 곳을 말한다. 판문점의 공동경비구역은 UN과 북한 측과의 거리가 800m에 불과한 좁은 공간이다. 이곳의 판문점 관광은 일부 나라를 제외하고는 외국인들의 관광이 가능하다.

영화 〈공동경비구역 JSA〉은 판문점이 배경으로 나오는데, 한국의 비극적인 분단 현실을 잘 반영하고 있다. 이런 분단의 현실로 인해 한국은 의무 병력제도를 택하고 있다. 말하자면 한국의 청년들은 만 18세가 되면 신체검사를 받고 군대에 입대해야 하는 병역의무가 있다.

한국의 외교정책

한국은 세계 대부분 나라와 외교관계를 맺고 있다. 2005년 통계로 보면 185개 국가와 외교관계를 수립하여 95개의 상주대사관, 31개의 총영사관 및 4개의 대표부 등 총 130개의 재외공관을 두고 있다.

한국은 능동적 외교활동 전개로 주변 4국 즉 한미관계, 한중관계, 한일관계, 한러관계 등과의 미래지향적 우호협력관계 정립하고 있다. 한미관계는 여전히 가장 *우호적인 관계다. 한일관계는 1965년 한일국교 정상화를 추진함으로써 일본의 강제점령에 대한 부정적인 감정을 씻고 양국간의 안보협력과 경제협력을 강화했다. 또 한중관계는 오랜 역사적 친밀함에도 불구하고 공산주의 이념으로 국교가 단절되었다가 1992년 *수교하였다. 최근엔 한국인이 가장 활발하게 사업이나 유학 등으로 오가는 나라가 되고 있다. 이러한 주변국과의 외교 정책 외에도 통일을 위한 외교정책을 꾸준히 추진하고 있다.

한국의 국제기구 가입

IMF (1955)	APEC (1989)	United Nations (1991)	WTO (1995)	OECD (1996)
www.imf.org	www.apec.org	www.un.org	www.wto.org	www.oecd.org

　한편, 한국은 1991년에 유엔(UN)기구 및 여러 국제기구
에 가입하여 왕성한 활동을 하고 있다. 반기문 유엔사무총
장은 한국인으로 유엔의 수장자리에 오른 인물이다. 그는
2007년부터 5년간 국가 원수급 *예우를 받으며 전 세계 정
치 지도자들과 세계 평화와 인류 공동 번영을 위해 노력하
는 자랑스러운 한국인이다. 최근에는 192개국 유엔 대표
들로부터 재신임을 얻어 2017년까지 사무총장을 연임하
게 되었다.

제2과 새마을운동과 한강의 기적

1. 한국 경제발전의 특징

한국은 불과 50여 년 전까지만 해도 전통적인 농업 국가였다. 조선시대 말기부터 시작된 일본의 강제 *수탈과 1950년의 6.25 동란으로 20세기 초반까지는 산업의 근대화를 시도해볼 *겨를도 없이 오랜 전쟁의 상처와 가난만이 남은 폐허 상태였다.

그러나 1962년부터 한국 정부는 경제개발5개년계획을 세워 6차까지 착실히 수행해온 가운데 연평균 8.6%의 높은 경제성장률을 기록하였다. 불과 30여 년 만에 "한강의 기적"이라고 불리는 눈부신 경제발전을 이룩하여 한국인의 우수성과 근면성을 세계가 인정하였다. 한국 경제발전의 원인 및 특징이라면 다음과 같다.

첫째, 정부 주도(主導)적 수출정책

한국경제 성장의 특징이라면 무엇보다 '초고속 성장'을 들 수 있다. 이는 정부가 주도하여 수출위주의 정책을 달성했기 때문이다. 그 이유는 한국은 *부존자원이 부족한데 비해 풍부한 인적 노동력을 갖고 있어서, 해외에서 자본이나 원자재를 도입하여 가공해서 수출하는 가공무역 전략을 추

제1회 수출의 날 기념식
(1964년)

진했다. 그 결과 1960~1978년 한국의 경제성장률은 9.9%를 기록할 정도로 비약적인 발전을 했다. 이 기간 동안에 1인당 GNP는 세계 *최빈국의 60달러에서 3000달러로 비약하였고 농업국가의 모습에서 탈피하여 공업국가로 변모하였다. 1977년에는 수출이 100억을 달성하였다. 이후에도 경제성장에서 수출이 차지하는 비중이 점차 증가하여 2000년대에는 65%로 커졌다. 서울시 구로지역은 수출 공업단지로 조성되어 지금까지 '구로공단'으로 불리며 공업화 지역의 상징이다. 2000년대에 들어 IT와 같은 첨단산업의 비중이 커지자 구로디지털단지라는 이름으로 부르게 되었다.

둘째, 새마을운동의 성공

1970년대 한국의 산업근대화를 성공적으로 이끌었던 원동력은 새마을운동이라고 할 수 있다. 박정희 대통령은 '새마을 운

동' 이라는 국민운동을 전개하여 농촌을 현대화하고 국가 발전의 정신적 원동력을 만들었다. 그는 국민들에게 먼저 가난을 벗어던지고 근면한 정신을 일깨워주기 위해 새마을 노래를 직접 지었다.

> 새벽종이 울렸네 새 아침이 밝았네
> 너도 나도 일어나 새마을을 가꾸세
> 살기 좋은 내 마을 우리 힘으로 만드세

이 노래와 함께 '잘 살아보세' 라는 노래도 있었는데 당시 이런 노래가 전국 어디서나 우렁차게 울려 퍼졌다. 그 노래를 들으며 사람들은 누구나 부지런히 일했다. 농촌에서는 초가집 지붕을 갈아 새 집으로 바꾸고 우물 대신에 수돗물을 사용하고 촛불 대신에 전기를 사용하는 등 살기좋은 농촌을 만들었다. 또 농촌지도자 청년을 육성하고 도시의 대학생들도 방학이면 농촌에 내려가 봉사활동을 자원했다. 모든 학교에서는 아침마다 조회시간에 '국민교육헌장' 을 낭독하여 국민으로서의 자부심을 심어주었다. 동시에 열심히 일해서 잘 사는 나라를 만들어야 조상과 후손에게 떳떳할 수 있다는 국민 *계몽교육도 활발하였다.

셋째, 우수한 인적자원 및 유교적 가치관

교육을 바탕으로 한 우수한 인적 자원이 풍부한 것이 한국경제 성장의 큰 장점이 되었다. 한국인은 예로부터 '살림이 어려워도 배워야 산다' 는 가치관을 가지고 있었다. 그런 가치관 위에 '잘 살아보자' 는 희망으로 밤낮을 가리지 않고 열심히 일했다. 한국인은 예나 지금이나 세계에서 찾아볼 수 없을 정도로 부지런한 근면성을 지니고 있다.

또한 유교적 인간관계도 한 몫 했다고 할 수 있다. 말하자면 회사를 내 집처럼 여긴다는 것이다. 사장님은 회사 직원들을 자식처럼 돌보며 책임감을 다하려 한다. 직원들은 회사의 목표 달성을 위해 퇴근 시간이 넘어도 회사일이 있으면 남아서 일을 한다. 이런 인적 자원들의 인내와 희생과 협력 체제가 강하므로 외국인들이 볼 때 불가능해 보이는 일을 한국 회사만큼은 못해내는 것이 없다고 할 정도로 일에 있어서는 투지가 강하다.

2. 한국경제의 밑거름에 얽힌 일화

1960년대 유엔(UN)에 등록된 120여 개국 중에 한국은 두 번째로 못사는 나라였다. 외국의 언론들도 한국은 소생이 불가능한 나라라고 관심을 기울이지 않았다. 그런 상황에서 경제개발의 씨앗돈을 어디서 구할 수 있었을까?

흔히 미국이나 서방의 원조라고 생각하기가 쉽다. 물론 그런 나라들의 원조도 많았다. 하지만 무엇보다 박정희 대통령과 국민들이 똘똘 뭉쳐 '잘 살아보자'는 각오로 어려움을 이겨냈다고 할 수 있다. 그 당시 한국경제의 밑거름이 된 *외자 *유치에 얽힌 뒷얘기가 〈대통령의 눈물〉이란 제목으로 로타리코리아 잡지에 소개된 글이 있다.

박정희 대통령이 1961년 5.16혁명 후 국가경제재건을 위해 미국에 원조를 요청하였으나 미국의 케네디 대통령은 혁명세력을 인정하지 않았다. 그 때 미국은 주던 원조도 중단했다. 당시 박정희 장군은 케네디 대통령을 만나기 위해 태평양을 건너 백악관을 찾았지만 그는 한국의 요구를 끝내 거절했다. 호텔에 돌아와 빈손으로 귀국하려고 짐을 싸면서 박정희 장군과 수행원들은 서러워서 한없는 눈물을 흘렸었다. 가난한 한국에 돈 빌려줄 나라는 지구상 어디에도 없었다. 마지막으로 지푸라기라도 잡고 싶은 심정으로 박대통령은 독일을 떠올렸다. 그 당시 독일은 2차 대전 후 나라가 분단되어 한국과 같은 처지였다. 드디어 서독으로부터 1억 4000만 마르크를 빌리는 데 성공했다. 그 대가로 한국은 서독으로 간호사와 광부를 보내주고 그들의 봉급을 *담보로 잡혔다.

고졸 출신 파독 광부 500명을 모집하는 데 4만6천 명이 몰렸다. 그들 중에는 대학을 나온 학사 출신도 수두룩했다. 면접 볼 때 손이 고와서 떨어질까 봐 일부러 까만 연탄에 손을 비벼 노동자처럼 거친 손을 만들었다. 1963년 서독으로 광부 123명을 보냈다. 낯선 땅 서독에 도착한 간호사들은 시골병원에 뿔뿔이 흩어졌다. 말도 통하지 않는 여자 간호사들에게 처음 맡겨진 일은 병들어 죽은 사람의 시신을 닦는 일이었다. 남자 광부들은 지하 1000미터도 넘는 땅속에서 뜨거운 지열을 받으며 열심히 일했다. 하루 8시간 일하는 서독 사람들에 비해 10시간도 더 넘게 그 깊은 지하에서 석탄 캐는 광부 일을 했다. 서독 방송, 신문들은 대단한 민족이라며 가난한 한국에서 온 여자 간호사와 남자 광부들에게 찬사를 보냈다. "세상에 어쩌면 저렇게 억척스럽게 일 할 수 있을까?"라는 뜻에서 '코리안 엔젤' 이라고 불렀다.

몇 년 뒤 서독 뤼브케 대통령의 초대로 박 대통령이 방문하게 되었다. 박대통령 일행은 뤼브케 대통령과 함께 광부들을 격려하기 위해 탄광에 갔다. 박

대통령이 강당에 들어갔을 때 작업복 입은 광부들의 얼굴은 시커멓게 그을려 있었다. 대통령의 연설에 앞서 애국가가 흘러 나왔을 때 이들은 목이 메어 애국가를 제대로 부를 수조차 없었다. 대통령이 연설을 했다. 단지 나라가 가난하다는 이유로 이역만리 타국에 와서 땅속 1000 미터도 더 되는 곳에서 얼굴이 시커멓게 그을려 가며 힘든 일을 하고 있는 제 나라 광부들을 보니 목이 메어 말이 잘 나오지 않았다. "우리 열심히 일 합시다. 후손들을 위해서…" 눈물에 잠긴 목소리로 박 대통령은 계속 일하자는 말만 반복했다. 가난한 나라 사람이기 때문에 이역만리 타국 땅 수 천 미터 지하에 내려가 힘들게 고생하는 남자 광부들과 굳어버린 이방인의 시체를 닦으며 힘든 병원일 하고 있는 어린 여자 간호사들. 그리고 고국에서 배곯고 있는 가난한 내 나라 국민들이 생각나서 더 이상 참지 못해 대통령은 눈물을 흘렸다. 광부들도 뤼브케 대통령 앞에 큰절을 하며 울면서 "고맙습니다, 한국을 도와 주세요. 우리 대통령님을 도와주세요. 우리 모두 무슨 일이든 열심히 하겠습니다"를 수없이 반복했다. 뤼브케 대통령도 울고 있었다.

호텔로 돌아가는 차에서 박대통령은 계속 눈물을 흘렸다. 그리고는 주먹을 불끈 쥐었다. 서독 국회에서 연설하는 자리에서 박대통령은 "한국에 돈 좀 빌려주세요. 꼭 갚겠습니다. 우리 대한민국 국민들은 절대로 거짓말하지 않습니다"라고 반복해서 말했다.

이후 자원이라고는 없는 나라에서 국민들은 머리카락을 잘라 가발을 만들어 외국에 내다 팔았다. 시골에 나이 드신 분들은 서울 간 아들놈 학비 보태주려 머리카락을 잘랐고, 쌀을 사기 위해 머리카락을 잘랐다. 그렇게 해서 한국의 가발산업은 발전하게 되었던 것이다. 쥐잡기 운동을 벌려 쥐 털로 만든 일명 '코리안 밍크'를 외국에 팔았다. 돈 되는 것은 무엇이든지 다 만들어 팔았다. 이렇게 저렇게 해서 1964년 수출 1억 달러를 달성했다. 세계가 놀랐다. "저렇게 가난한 나라가 1억 달러를 수출 해?"하며 세계가 경이적인 눈빛으로 바라봤다.

1970년대는 중동지역 건설에 참여했다. 뜨거운 사막에서 쉬지 않고 일을 하는 나라 국민은 한국뿐이라는 인상을 심어주었다. 뜨거운 모래바람을 맞으며 땀과 눈물로 돈을 벌어 조국의 근대화에 보태었다. 그렇게 해서 1988년 서울올림픽과 2002년 월드컵을 개최하면서 세계 속에 우뚝 선 나라가 될 정도로 국력을 키운 것이다.

제3과 오늘의 한국경제

한국은 1960년 초까지만 해도 세계에서 가난한 농업국의 대열에 있었다. 이후 30여 년 동안 놀라운 경제발전을 이룩하여 신흥공업국이 되었다. 1988년 서울올림픽을 개최할 만큼 경제가 비약적 발전을 함으로써 다른 나라의 본보기가 되었다. 그렇지만 1997년부터 아시아 경제의 전체적인 침체에 동반하여 고속 성장의 부작용과 정치 경제적인 요인 등으로 한국도 외환위기 사태를 겪었다. 국제통화기금(IMF)의 구제금융사건은 한국 국민들에게 큰 충격과 경제적 혼란을 초래했다.

그러나 그런 환란을 국민들은 '금 모으기 행사'로 극복하였다. 자신의 귀중품인 금목걸이, 금반지 등을 아끼지 않고 국가에 내놓는 희생으로 국가 부도 위기를 2년 여 만에 *단숨에 극복하였다. 오히려 세계 5위의 외환보유국으로 만들 수 있는 저력에 세계가 또 한 번 주목했다.

IMF 이후 국민들은 새로운 각오를 하게 되었는데 산업에도 많은 변화를 가져와

서 서비스업의 향상, IT산업, 문화, 환경 등 신산업 육성에 박차
를 가하게 되었다. 그 동안 한국 경제성장를 이끈 업종이라면
1970~80년대 는 섬유산업으로 한국산 옷들이 날개 돋친 듯 팔
려 나가 세계시장에 '메이드 인 코리아'가 등장했다. 1980~90
년대 중반은 자동차산업, 1990년대 후반부터는 반도체, 컴퓨터,
휴대폰과 같은 첨단기술 제품을 들 수 있다.

한국의 1인당 국민소득(GNI)도 1962년에는 87달러에서 1996
년 12,197달러로 높아져 1만 달러 시대로 충분히 진입하였다.
외환위기로 주춤했다가 2000년에 10,841달러로 회복했다. 이
후 2007년 1인당 국민소득이 20,045 달러, 그리고 2012년에는
22,708달러를 기록한 것으로 한국은행이 발표했다.

한국의 경제규모는 7875억 달러로 GDP 기준 세계 11위, 교
역규모는 5456억 달러로 세계 12위를 기록했다. 1996년 경제협
력개발기구(OECD)에 가입하고 주요산업부문에서 세계 10위권
안에 드는 비약적인 경제발전을 이룩하였다. 최근 세계적 경제
위기 여파로 2008년도에는 경제성장이 둔화하였으나 그동안 이
루어온 한국경제의 발전성과는 주목할 만하다.

인구 4천만명 이상 국가의
1인당 국민총소득 비교

순위	나라	1인당 국민총소득(달러)
1	미국	4만6040
2	영국	4만660
3	독일	3만8990
4	프랑스	3만8810
5	일본	3만7790
8	한국	1만9730

세계은행 발표 2007년 발전지수를 한국은행이 발표(09년 5월 14일 발표)
국내총생산량(GDP) : $9,698억 달러(세계 14위)
1인당국민소득(GNI) : $19,730 달러

국민들의 삶의 경제적 질은 OECD 30개 회원국 중
에 인터넷활용가구 1위, 정보통신 부문 1위, 컴퓨터
보유가구 비중 3위를 차지하는 등 전 국민이 정보화
시대를 누리고 있다. 은행에 가지 않고 집에서 인터넷
뱅킹으로 물건을 사고 입금을 하는 등 경제 활동을
편리하게 하고 있다. 대부분 가정이 자동차를 가지고
있으며 최근엔 온 국민이 휴대폰을 다 가지고 다닐 정
도다. 특히 삼성회사에서 만든 스마트폰이 많은 인기
를 끌고 있다.

삼성전자와 현대자동차

한국의 대표기업으로는 삼성, LG, 현대자동차, SK, 아시아
나, 두산중공업, 제일제당, 태평양화학, 동아제약, 롯데, KT, 대
한항공 등이다. 한국의 기업들은 철저한 서비스 정신을 바탕으
로 '고객 감동'에 나서고 있다. 실제로 한국의 회사들은 애프터
서비스(after service)가 매우 빠르고 친절하여 외국인들도 감탄할
정도다.

삼성회사가 만든 갤럭시S

한국의 대표적인 기업들의 로고 및 마크

01 다음 사항을 읽고 그 설명이 맞으면 (　) 안에 O, 틀리면 X를 하시오.

1) 한국의 대통령은 국민이 직접 투표로 선출되며 5년 단임제이다. (　　)
2) 한국 역대 대통령 중에 노벨 평화상을 수상한 사람은 노무현 대통령이다. (　　)
3) '한강의 기적'이란 말이 나올 정도로 한국경제를 부흥시킨 인물은 박정희대통령
　　이다. (　　)
4) 한국경제발전의 씨앗 돈이 된 외자유치는 서방의 원조 중 미국으로부터 받은 것
　　이다. (　　)
5) 현재 유엔사무총장으로서 2007년부터 활동하고 있는 사람은 한국인 출신이다.
　　(　　)

02 한국의 역대 대통령 중에 자신의 기억에 남는 인물을 밝히고 그 이유를 써 봅
시다.

03 한국의 대표적인 공영방송사로 국민으로부터 세금을 받아서 운영되고 있는
방송사는 무엇입니까? 또한 해외에 있는 교포를 대상으로 운영하는 방송사
이름을 써보시오.

04 오늘날 한국 청년들은 누구나 18세 이상이면 군대를 가야한다. 어떤 역사적
사건과 관련이 있는 것인지 써보시오.

05 한국 경제발전의 원인 및 그 특징에 대해 아는대로 서술하시오. 또한 1997년
국제통화기금(IMF)의 구제금융 환란을 맞이하였을 때 어떻게 극복했는지 이
야기해 봅시다.

| 어휘 알아보기

words

- **수반(首班):** 으뜸가는 자리. 행정부의 우두머리

- **안위(安危):** 안전함과 위태함.

- **선전포고(宣戰布告):** 상대국과 전쟁 상태에 들어감을 선포함.

- **밑거름:** 씨를 뿌리거나 모내기 전에 주는 거름. 어떤 일을 이루는 데 바탕이 되는 것

- **야당(野黨):** 정당 정치에서 현재 정권을 잡고 있지 않은 정당.

- **정상회담(頂上會談):** 두 나라 이상의 원수가 모여 하는 회담.

- **청와대(靑瓦臺):** 파란색의 기와지붕으로 된 집. 한국의 대통령이 거주하는 집을 말함.

- **헌법(憲法):** 한 국가의 최고의 법. 근본이 되는 법규.

- **시청료(視聽料):** 텔레비전을 시청하는 데 내는 요금.

- **광복(光復):** 잃었던 나라와 주권을 되찾음.

- **개입(介入):** 사이에 끼어듦.

- **우호(友好):** 개인끼리나 나라끼리 서로 사이가 좋은 일.

- **수교(修交):** 나라와 나라 사이에 외교 관계를 맺음.

- **예우(禮遇):** 예의를 다하여 정중히 대우함.

- **수탈(收奪):** 강제로 빼앗음.

- **겨를:** 일을 하다가 쉬게 되는 틈. 여가.

- **부존자원(賦存資源):** 경제적으로 이용할 수 있는 모든 천연자원.

- **최빈국(最貧國):** 일인당 국민 소득이 적고 대외 부채 잔액이 많은 가난한 나라.

- **계몽(啓蒙):** 지식수준이 낮거나 전통적인 인습에 젖어 있는 사람을 가르쳐서 깨우침.

- **외자(外資):** 외국으로부터 도입한 자금이나 물자

- **유치(誘致):** 행사나 사업 따위를 이끌어 들임.

- **담보(擔保):** 맡아서 보증함.

- **단(單)숨에:** 쉬지 않고 곧장. 한숨에.

Chapter 9

교육과 직업

못 먹어도 배워야 산다!
문맹이 없는 나라

제1과 교육열과 교육제도

1. 한국인의 교육열

한국에서는 농사 중에 '자식 농사가 최고'라는 말을 흔히 한다.

그만큼 교육을 중시한다는 뜻이다. 1970년대는 한국이 경제개발 도약 시기에 있었으므로 온 국민의 교육열 또한 엄청 났다. 가난한 시골집이라도 아들을 대학 보내기 위해 온갖 수고를 했으며 아이들도 배가 고프면서도 학업에 대한 성취를 겪어냈던 시기였다. 이때는 사교육보다는 학교교육 위주여서 학교 선생님들의 권위 또한 높았다. 학교의 생활 규범도 엄격하여 중고등학교 학생들은 모두 교복을 입던 시대였다. 21세기에 들어서 한국의 지속적인 경제성장과 자녀출산이 적어짐에 따라, 자식교육에 대한 열기는 더욱 심해지고 있다. 학교 수업 후 과외나 학원을 다니며 받는 사교육 또한 한국인의 교육열을 더욱 *부채질하고 있다.

요즘 일반 가정에서는 임신하면 태교 때부터 영재교육을 한다고 한다. 아이가 태어나면서부터 글자를 가르친다고 비싼 돈을 들여 책이나 교재를 구입한다. 유치원 때부터 각종 예능교육과 외국어 교육을 시킨다. 학교 방학 때마다 외국에 언어연수도 간다. 중, 고등학교 학생이 되면 대학 입시를 위해 각종 학원에서 자정

이 넘어서까지 한다. 최근에는 더 좋은 교육을 시키겠다며 엄마

가 아이들을 데리고 외국 유학을 떠나고 아빠는 홀로 직장에서

돈을 벌어 보내는 '기러기 아빠'도 적지 않다. 대학생이 되어서

도 해외 유학과 외국어 연수 등으로 대학 졸업 전까지 한, 두 나

라에 다녀오는 일은 보통으로 되었다.

　몇 해 전, 시중에 유행했던 '강남 엄마 따라잡기'라는 드라마

는 현대판 '맹모삼천지교(孟母三遷之敎)'로서, 더 나은 학교에 입

학시키기 위해 집을 옮기기도 하는 일이 있다는 것이다. 서울 강

남구가 8학군으로서 좋은 대학 합격률이 높다는 소식으로 그곳

의 아파트 값이 치솟기도 한다. 그곳에 사는 엄마를 '강남 엄마'

라고 부르는 등 한국인의 지나친 교육열의 단면이다. 2007년에

교육부와 통계청이 실시한 조사에 따르면 학부모들이 학원, 과외 등에 쓴 전체 사교육비 규모는 연간 20조원을 넘는 것으로 추정됐다. 정부가 이런 사교육비의 부담을 줄이려고 온갖 정책을 내놓고 있지만 한국 부모들의 뜨거운 교육열과 맞서서 만만치가 않다.

2. 왜 그렇게 배우는데 열심인가?

그럼, 한국인들은 왜 이렇게 배우는 것에 열심인가?

나라의 면적과 부존자원이 적은 데 반해 인구밀도가 높아서 경쟁이 심하다는 것이다. 또 역사적으로 살펴보면, 한국은 농경사회로 정착함에 따라 농사 잘 짓도록 관리할 지혜로운 관리자가 필요했다. 관리자가 되기 위해 배움을 중시하였다고 본다. 왜냐하면 이동목축 사회는 무사(武士)와 수렵을 잘 다루는 용맹한 기사(騎士)가 필요하지만, 관리자는 마땅히 글을 알아야 하므로 한국은 일찍이 글을 익히는 교육기관이 발달하였다.

이미 삼국시대 때부터 교육기관이 있었다. 고구려 왕조 때는 372년에 태학(太學)을 두었다. 신라 왕조 때는 682년에 국학(國學)을 설치하였고 고려 왕조 때는 국자감과 조선 왕조 시대에는 성균관이 있었다. 성균관은 오늘날 서울에 있는 성균관 대학교의 모태이기도 하다. 조선시대에는 사농공상(士農工商)이라 하여 공부를 하여 *선비가 되는 것이 농부나 장사하는 사람보다 높은 신분이었다. 따라서 배움을 중시하고 지식인을 존중하는 선비사상을 낳게 되었다. 오늘날에도 사람을 길러내는 선생님을 좋은 직업으로 여기고 있다.

조선시대 말기부터 서양에서 온 *선교사들에 의해 학교가 건립되면서 근대화 교육이 시작되었다. 지금의 연세대학교나 이화여자대학교가 그 무렵에 건립되었다. 그러나 당시, 일본의 민족 말살 식민지 교육과 남북한의 전쟁으로 교육은 퇴보를 하는 듯 했지만 어려운 형편에서도 한국인의 교육열만큼은 좀처럼 식지 않았다. 전쟁 후 나라와 국민이 하나가 되어 '교육의 백년대계(百年大計)'를 재인식하고 우수한 인적자원 육성을 위해 적극적으로 교육정책을 추진했다.

뿐만 아니라 한국인만의 '한글'이라는 고유한 문자가 있기 때문에 교육열이 쉬이 사그라들지 않는 것이다. 한글은 세상에서 가장 쉽게 배울 수 있는 문자여서 국민들은 누구나 쉽게 지식을 익힐 수 있었다. 오늘날 한국이 세계에서 '문맹이 없는 나라'로 선정되는 것도, 한국인의 교육 수준이 세계 어느 나라보다 앞서 있는 것도 문자의 우수성과 관련이 있다.

한마디로 한국인은 교육에 목숨을 건다 해도 과언이 아니다.

그것은 앞에서 본대로 지정적인 이유도 있거니와 오늘날 현실로 볼 때도 '작은 나라가 다시 분단되어 있으니 스스로 지식을 기르지 않으면 세계 여러 나라와 무엇으로 경쟁하겠는가' 하는 위기의식이 국민 모두에게 있다고 볼 수 있다. 실제로 1950년대 남북한 전쟁의 잿더미 위에서 오늘날 이렇게 빨리 한국 경제가 발전한 것도 교육의 힘이 뒷받침되었기 때문이다. 그래서 돈이 없으면 빚을 내어서라도 자녀교육비는 아끼지 않는 것이 한국 부모들의 모습이다. 21세기는 '지식이 곧 돈'이 되는 지식경제사회이니 한국인들은 더욱 교육에 *매진한다.

한국 정부는 인재 양성이 곧 국가발전의 원동력이라는 인식 하에 정부 총예산 중 많은 부분을 교육예산으로 편성됐다. 2004년 통계에 따르면 정부 총 예산 중, 1위-경제개발(25.5%), 2위-교육비(18.5%), 3위-국방비(16.5%)로 나타났다.

2. 한국의 교육제도

교육의 체계는 일반적으로 학교에서 이루어지는 정규 교육(공교육)과 비공식적으로 행해지는 사교육 그리고 특수 교육, 성인 교육으로 크게 나눌 수 있다. 학교교육의 기본 학제는 6-3-3-4제이다. 즉 초등학교 6년->중학교 3년->고등학교 3년->대학교 4년 그리고 대학원의 석,박사 과정이 있다. 취학 전 교육기관인 유치원과 신체장애자를 대상으로 하는 특수교육기관도 있다.

한국의 초등교육은 만 6세가 되면 시작된다. 의무교육기간은 중학교까지 9년이다. 고등학교는 대학진학을 목적으로 하는 인문계 고등학교와 직업교육 중심인 실업계 고등학교가 있다. 국민 대부분(92.6%)이 고등학교를 졸업하는 수준이다.

2006년 고등교육기관인 대학은 총 412개이다. 이 중 국립이 46개교, 공립이 10개교, 사립이 356개교로 한국에서는 사립대학이 훨씬 많다. 이렇게 사립대학이 더 많다보니 대학 *등록금 부담이 큰 편이다. 그럼에도 불구하고 '자식을 대학에 보내야 한다' 는 한국 부모들의 뜨거운 교육열로 2006년에는 고등학교 졸업생의 82.1%가 대학으로 진학했다. 대학은 4년제 종합대학(university)과 2, 3년제의 전문대학이 있다. 종합대학 아래 하위단위로서 각 단과대학(college) 혹은 학부가 있다. 예컨대, 서울대학교 안에 인문대학(학부), 의과대학, 미술대학, 간호대학 등 16개 단과대학이 있다. 가령, 학생이 건축학을 전공하려고 한다면, 먼저 자신의 성적에 맞추어 대학교를 찾고 다음으로 그 학교 안의 공과대학을 찾고 다시 학과를 찾아 건축학과로 진학하면 된다.

최근엔 국민들의 높은 교육 수준과 인터넷 사용 인구의 증가로 평생교육과 사이버(Cyber) 대학 교육이 잘 발달되어 있다. 따라서 직장을 다니다가도 늦게 대학을 진학할 수 있고, 집에서 인터넷을 통해 공부해서 대학교 학위를 딸 수도 있다.

여성에 대한 교육 수준도 획기적으로 달라졌다. 유교적 전통이 중시되던 50여 년 전만 하더라도 여성의 교육이 무시되었지만 지금은 남녀가 똑같이 학교 교육을 받는다. 여성의 사회참여가 늘면서 대학 진학률도 크게 늘어났다. 2008년 여성의 대학진학률은 83.5%나 되었다고 교육부가 밝혔다.

3. 대학입시와 졸업

대학입시

대학 입학시험은 국가 차원의 '대학수학(修學)능력시험(수능)'과 내신성적(평소 성적과 태도)을 기본으로 한다. 그것을 바탕으로 하여 대학별로 정한 선발기준에 합격해야 한다. 어떤 대학은 수능성적과 논술, 면접시험, *봉사활동 등을 참고로 하여 *선발하기도 하고, 어떤 대학은 수능 성적과 내신 성적만으로 학생을 최종 선발하기도 한다. 따라서 자신이 가고 싶은 대학의 진학 정보에 귀를 기울이고 있어야 한다.

고(高) 3 수험생이 있는 집에는 손님들이 방문하는 것도 조심스러워할 정도로 대학입시에 대한 국민들의 관심이 높다. 전국 수능시험이 있는 날에는 온 국민이 수험생에 대한 배려를 아끼지 않는다. 이 날 아침에는 회사원들의 출근시간을 미루면서까지 수험생이 교통 때문에 시험장에 늦게 도착하지 않도록 전국의 교통운행 시간을 수험생 위주로 재편성하여 그들을 돕기도 한다. 또 언론방송에서도 종일 시험과정을 생중계하기도 한다. 이 날 입시생의 부모님들은 사찰이나 교회에서 자식을 위해 기도하는 모습도 흔히 볼 수 있다. 입시 전날엔 대학에 찰싹 붙으라고 엿이나 찹쌀떡 등을 먹는 풍습도 있다.

입학과 졸업

한국의 새 학년 시작은 3월이다. 다음 해 2월에 1년간 수업이 종료된다. 입학식은 유치원부터 대학까지 3월 초에 한다. 초등학교 꼬마들의 입학식장엔 할머니 등 일가친척들이 함께 나와서 축하를 하고 사진을 찍는 모습을 볼 수 있다. 교육을 중시하는 한국인의 가치관을 반영하는 것으로 아이 한 명의 학교 공부의 시작은 곧 집안의 인재를 키우는 행사로 보고 축하를 해주는 것이다.

2월엔 모든 학교가 졸업식을 *성대하게 치른다. 특히 졸업식은 '마침이 곧 시작'이라는 생각으로 입학식보다 더 중요시한다. 졸업식 날이면 부모님이나 멀리 있는 친지, 친구들도 참석하여 선물을 주고받는 등 축하를 해준다. 해마다 이 시기면 학교 교문마다 노란 프리지아 꽃의 축하 꽃다발이 만발한다. 예전 가난한 시절에는 졸업식장이 울음바다가 되기도 했다. 말하자면 가정 형편이 어려워 상급학교로 진학하지 못하고 사회에 나가서 돈을 벌어야 하므로 졸업식은 이별의 애틋한 장소가 되었던 것이다. 특히 "빛나는 졸업장을 타~신 언니께, 꽃다발을 한 아름 선사합니다"라는 졸업식 노래를 후배들이 부르면 이별의 슬픔으로 선생님과 제자들이 서로 부둥켜안고 눈물을 흘리기도 했다. 요즘은 졸업생 대부분이 대학에 진학을 하므로 졸업식날은 무슨 공연을 하는 등 축제분위기여서 과거 1970년대와 매우 다른 모습이다.

졸업식 날, 졸업장과 졸업 앨범(album)을 받는다. 졸업 앨범에는 졸업생의 사진과 담임선생님, 학교 모습들이 사진으로 남아 있어서 한국인들은 누구나 평생 좋은 추억거리로 간직한다. 그것으로 사회에서 *동창회도 조직한다. 대학 졸업식장에서는 검은 색 학사복과 학사모를 쓰고 졸업사진을 찍는다. 어떤 학생들은 학사모를 부모님께 씌워주며 그동안의 노고를 부모님 덕으로 돌리는 모습으로 사진을 찍기도 한다.

제2과 한국 유학

    최근 몇 년 사이에 외국인들의 한국 유학이 빠르게 증가하고 있다. 이는 한류의 영향과 해외에 진출한 한국 기업이 많아서 한국 유학 후 본국에 취업하기가 유리하기 때문일 것이다. 최근에는 해마다 한국 교육부 주최 유학박람회가 열린다. 한국 유학에 관련된 국가업무는 교육과학기술부 직속기관인 국립국제교육원(http://www.niied. go.kr)이 맡고 있다. 이곳에서 소개하는 한국유학의 장점은 다음과 같다.

1. 한국 유학의 장점

첨단 기술의 선진국

한국의 정보통신 분야는 세계 최고 수준을 자랑하고 있다. 특히 정보통신기술과 이동통신 분야는 현재 세계 1위를 차지하고 있다. 한국인의 대부분이 가정의 초고속 인터넷망을 이용하고 있다. 한국이 세계적인 정보통신 강국임을 고려할 때, 첨단 기술력을 한국에서 배운다면 장래에 성공할 수 있는 기반을 줄 것이다.

특히 삼성이나 LG, 현대자동차, 대우조선 등 한국의 대기업과 그 계열기업체들이 북경이나 해외의 대도시에는 공장이나 대리점이 거의 다 있다. 한국의 대학에서 반도체 등의 IT 기술을 전공한 후 본국에서 취업을 한다면 매우 유리할 것이다. 또한 게임 산업은 한국이 세계적으로 유명하다. 그 외에도 영화, 음악, 환경공학이나 패션디자인이나, 화장품 등 한국이 세계 산업에서 주도하고 있는 전공영역을 한국에서 공부하게 된다면 양국 교역에 훌륭한 인재로 쓰일 가능성이 많을 것이다.

한 예로, 한국어를 2년 배운 학생이 한국으로 유학 와서 대학원을 졸업했다. 처음에는 한국의 지방대학에서 조금 저렴한 비용으로 한국어 연수를 열심히 마치더니 서울의 유명 대학교로 진학하였던 것이다. 그는 한국에서 취업을 하고 몇 년 후 중국에 돌아갈 생각이란다. 한국의 대기업에서 스카웃(scout)이 많이 들어와 어디를 선택할지 고민이란다. 그 학생의 고향은 한국 대기업이 많이 들어와 있는 산동성 청도다. 그래서 한국에서 직장을 구할 때 아예, 중국 청도에 지사가 있는 기업에 취업하려고 했다. 그렇게 되면 중국에 들어가서도 그대로 일을 할 수 있기 때문일 것이다.

저렴한 유학비용

한국은 미국이나 영국 등 영어권 나라와 비교해서 학비나 생활비 등 유학비용이 매우 *저렴하다. 특히 근래에 한국 정부에서 유학생들에게 장학금, 기숙사, 아르바이트, 졸업 후 취직 등에 대하여 대폭적인 지원을 발표하고 있어 한국 유학은 더욱 매력적이다. 일반적으로 학비에는 등록금과 입학금이 포함된다. 입학금은 처음에 입학할 때 1회만 내고, 등록금은 매 학기마다 내며 1년에 2회를 납부한다. 등록금은 서울과 지방에 따라 차이가 나고 인문계와 이공계 전공에 따라서 다르다. 2~3년제 전문대학은 4년제 대학보다 더 싸다. 학비에 대한 정보는 희망 학교의 홈페이지를 이용하여 알아보는 것이 정확하다.

풍부한 장학제도

한국은 성적이 우수한 학생들에게 주는 성적장학금 외에 매우 다양한 장학금 제도가 있다. 유학생들에게는 대학에서 각종 장학금의 혜택을 주려고 노력하고 있다. 장학금 신청방법은 학교 게시판을 통해 공지된다.

우수한 학습 환경과 교수진

한국 대학의 교수진은 박사급 이상으로 한국 국내에서뿐만 아니라 외국에서 연구경력을 갖고 있는 교수들도 많다. 한국의 대학은 미국의 하버드나 영국의 옥스퍼드 등의 외국의 *유수 대학들과 자매대학 체결을 하고 있는 대학들이 많아서 교환학생의 기회도 가질 수 있다.

대학교와 기업체가 협력하여 산업기능인력을 길러내는 실험실습 환경도 매우 우수하다. 이에 대한 증명으로 '국제기능올림픽대회'에서는 종합 우승을 연속 차지하고 있다. 2007년에도 한국이 49개 회원국 중에서 종합 우승을 차지하여 세계 최고의 기술력을 과시했다.

유학생에게 친절한 분위기

한국 사람들은 인정이 많고 외국 문화에 대한 호기심이 많을 뿐만 아니라 새로운 문물을 배우려는 열의도 많은 편이다. 특히 교육을 중시하는 한국인의 정서상 유학생들을 적극 도와주려고 한다.

한국에서 유학 생활을 하는 동안에는 각 대학마다 유학생을 위한 업무부서가 따로 있어서 학생들의 편의를 최대한으로 도와주고 있다. 흔히 인터넷으로 수강 과목 신청이나 기숙사나 집을 구한다든지, 아르바이트를 하고 싶다든지, 교통비를 절약하기 위한 카드 사용 방법 등 많은 문제를 해결해준다.

2. 유학 경로와 시험

한국으로 유학을 오는 경로는 크게 두 가지다.

첫째, 한국정부 초청 유학이다. 국비장학생에 선발되려면 성적이 우수하고 한국어능력시험과 영어시험 조건에 합격하여야 한다.

둘째, 자신이 유학경비를 들여서 오는 경우다.

일반적으로 외국인 유학생 입학 절차는 입학을 희망하는 한국의 대학을 인터넷을 통해 그 정보를 알 수 있다. 이 경우 한국어능력시험TOPIK(Test of Proficiency In Korean) 성적을 가지고 있으면 대학이나 전공을 선택할 때 유리하다. 한국어능력시험은 한국어를 모국어로 사용하지 아니하는 외국인 및 재외동포들의 한국어 능력을 평가하기 위한 시험이다. 홈페이지(http:// www.topik.go.kr)를 통해 시험일시와 장소 등을 알 수 있다.

3. 한국 대학 소개

서울대학교는 1920년 설립된 경성제국대학을 모체로 1946년 정식 발족된 최초의 국립종합대학이다. 현재 15개 단과대학에 104개학과가 개설되어 있으며 한국최고의 대학교로 세계적인 명성을 얻고 있다.

고려대학교는 1905년 설립된 보성전문학교가 1946년 종합대학으로 승격, 겨레와 운명을 함께 해온 대표적인 민족사학이다. 고려대는 한민족의 민족정신에 입각한 세계화 교육을 지향하는 대학으로 학문은 물론 인간관계의 소중함을 선후배 관계를 통해 이어가는 전통도 적지 않다.

연세대학교는 1885년 세워진 한국 최초의 서양식 병원을 모태로 발전. 1957년 오늘날의 연세대학교로 출발하여 17개 단과

서울대학교 정문

한국을 대표하는 대학들의 마크

서울시립대　건국대　서울대　한양대　홍익대　경희대
부산대　서강대　연세대　고려대　경북대　동국대
성균관대　중앙대　한국외대

대학 83개학과를 두고 있다.

　성균관대학교는 조선초기인 1398년 설립된 대학인 성균관을 모체로 하고 있다. 해방과 더불어 1946년 성균관대학교로 개칭되어 오늘에 이르고 있다.

　한국 여성 교육의 모체인 이화여자대학교는 기독교정신을 바탕으로 1886년 설립이후 수많은 여성 인재를 양성해 왔다.

　대덕연구단지에 있는 한국과학기술원은 고급 과학기술인력의 양성을 목적으로 설립된 한국 최초의 대학원 중심 대학이다.

　경북 포항시에 소재한 포항공과대학교는 포항제철 및 산업과학기술연구소와 산 · 학 협동 체제를 이루고 있다.

　기타 명문 대학으로서 경희대는 한방의학쪽으로 유명하다. 한양대는 공과대학으로 유명하다. 또 중앙대은 신문과 방송, 그리고 한류에 앞장 선 연예계의 인재들을 많이 배출하고 있다.

제3과 진로와 직업

한때 '한국인들이 몰려오고 있다' 는 말이 세계 매스컴(mass communication)에 오른 적이 있다. 한국에 비즈니스로 파견된 외국인들은 한결같이 '서울에서의 비즈니스는 무척 활기차다' 고 말한다. 호주 무역대표부 직원으로 한국에 온 피터씨는 한국인들은 위험을 두려워하지 않고 위기를 *전화위복의 기회로 받아들이는 것 같다며 다음과 같이 덧붙였다.

"아시아권 어느 나라보다도 활기차며 적극적인 스타일로 빠르게 움직이고 있다. 새로운 아이디어와 기회를 *기꺼이 받아들이는 한국 비즈니스맨들의 자신감과 신념에 깊은 감명을 받았다."

한국 비즈니스맨들의 업무 스타일은 매우 직선적이다. 이들은 매우 능숙하고 강한 협상가들인 동시에 성실함도 *겸비하고 있다고 했다.

한국의 직장인들은 스스로 세계에서 제일 바쁜 일꾼들이라고 표현한다. 최근 남성 직장인들을 대상으로 한 여론 조사에서도 가정보다는 직장 일을 우선할 만큼 일에 대한 애정이 남다르다. 일반적으로 직장인들은 오전 9시 이전에 출근하여 오후 6시까지 일한다. 경제협력개발기구(OECD)의 보고서에 따르면 2005년도 한국인 근로자의 실질 노동시간은 1인당 연평균 2351시간(주당 45.21시간)에 달했다. 법정 근로 시간인 1주 40시간을 5시간 이상 초과하여 일하고 있으니 세계에서도 한국인은 최고의 '일 개미'로 통할 정도다.

그러나 최근 들어 근로 양상이 달라지고 있다. 그것은 한국 경제가 안정적인 성장을 계속하면서 근로자들의 요구가 높아졌고, 기업인들의 의식도 조금씩 바뀌어 가고 있기 때문이다. 경제구조가 변화함에 따라 농어업의 비중이 크게 줄어드는 반면 서비스업을 중심으로 한 직종이 급격하게 늘어나고 있다. 1960년대와 1970년대의 근로자들과는 달리, 경제 성장의 혜택을 받고 자라난 젊은 세대들은 이른바 3D 업종이라 일컫는 더럽고(Dirty), 어렵고(Difficult), 위험한(Dangerous) 일을 *기피하는 현상이 최근 들어 부쩍 늘고 있다. 때문에 주물, 피혁, 도금, 염색 등의 제조업체들은 극심한 인력난을 겪고 있어 외국인 근로자들을 불러들이고 있는 실정이다.

한국인들은 직업을 선택할 때 '안정성'을 가장 중요하게 여기

고, 두 번째로 '수입'을, 그리고 다음으로 '보람'과 '발전
성'을 염두에 둔다고 한다. 예전에는 직장 상사에 대한 *복
종을 미덕으로 여겼으며 한 직장에서 오래 충실하게 근무
하는 것을 바람직하게 여겼다. 요즘에는 창의력과 개인별
능력에 따라 보수를 지급하고 승진시키는 기업이 점차 늘
어나면서 '평생직장'이라는 개념도 약화되어간다.

1980년대만 해도 대학을 졸업하면 대기업에 취업을 하
는 것이 자랑이었다. 하지만 IMF 여파로 기업성장률이 둔
화되다보니 대기업의 *신규 사원 채용이 줄어들게 되자 대
학졸업생들의 취업 또한 예전보다 어려워졌다. 요즘 젊은
이들은 해외로 눈을 돌려 유엔(UN)국제기구, 외국 대기업
에도 진출하고자 일찍이 직업 준비를 하기도 한다. 또는

취업을 위해 면접보는 학생들

자신의 소질로 일찍이 창업을 하려는 사례가 많아지고 있다. 이른바 벤처(venture) 기업의 등장이 그것이다. 대기업이나 조직에 일원으로 취업하기보다는 자신의 개성을 살릴 수 있는 음악, 영화 등의 문화 사업 직종이 인기다. 그래도 여전히 한국인들이 선호하는 직업(職業)으로는 공무원, 의사, 대학교수 등이며 비교적 안정된 직업을 최고로 꼽는 편이다.

한편, 한국은 취업에 대한 정보가 매우 다양하다. 대학에서도 졸업생을 위한 취업정보를 *수시로 알려주고 직업 적성검사나 상담도 받을 수 있다. 또한 정부 관공서에서는 실업자에게 재취업을 위한 취업교육을 저렴하게 제공하여 취업을 다시 할 수 있도록 돕기도 한다.

01 다음 사항을 읽고 그 설명이 맞으면 (　) 안에 O, 틀리면 X를 하시오.

1) 한국인은 교육열이 높아서 사교육을 하지 않고 학교교육에 주로 의존한다. (　　)
2) 근대화 교육 시기에 연세대학교나 이화여자대학교는 선교사들에 의해
　 건립되었다.(　　)
3) 한국에서 새 학년의 시작은 3월이고 졸업은 이듬해 2월이다. (　　)
4) 한국의 대학교는 대부분 공립이어서 등록금 부담이 적다. (　　)
5) 의무교육기간은 초등학교부터 중학교까지 9년간이다. (　　)

02 초등학교부터 대학까지의 한국의 기본 학제를 쓰시오.

03 한국인의 교육열은 매우 높다. 그 원인을 알아보고 자신의 나라와 비교해서
　 이야기 해봅시다.

04 외국인 및 재외동포들의 한국어 능력을 평가하기 위한 시험은 무엇입니까?

05 직업을 선택할 때는 수입이나 안정성, 그리고 작업환경, 보람이나 발전성 등
　 을 고려한다. 한국인이 직업을 선택할 때 제일 많이 고려하는 부분은 무엇이
　 라고 합니까? 각자 자신의 경우와 비교하여 이야기 해봅시다.

- **사교육(私敎育)**: 학교 외에 개인이나 사법인의 재원으로 운영하는 교육.

- **부채질**: 부채로 바람을 일으키는 짓. 흥분된 감정·싸움 등을 더욱 북돋아 주는 일.

- **선비**: 학문을 닦은 사람 혹은 학식은 있되 벼슬하지 않은 사람.

- **선교사(宣敎師)**: 기독교의 외국 전도(傳道)에 종사하는 사람.

- **매진(邁進)하다**: 힘쓰다, 애쓰다.

- **등록금(登錄金)**: 학교나 학원에 등록할 때 내는 납입금.

- **봉사(奉仕)**: 국가 사회 또는 남을 위해 헌신적으로 일함.

- **선발(選拔)**: 많은 속에서 고르는 것.

- **성대하게/성대(盛大)하다**: 성하고 크다. 푸짐하다.

- **애틋한/애틋하다**: 좀 아깝고 서운한 느낌이 있다.

- **동창회(同窓會)**: 같은 학교 출신자들이 모여 만든 조직이나 모임.

- **저렴(低廉)하다**: 물건 값이 싸다.

- **유수(有數)**: 학손꼽을 만큼 두드러짐.

- **기꺼이**: 적극적으로 즐겁고 기쁘게.

- **전화위복(轉禍爲福)**: 재화(災禍)가 바뀌어 오히려 복(福)이 됨.

- **겸비(兼備)**: 두 가지 이상을 아울러 갖추고 있음.

- **기피(忌避)**: 꺼리어 피함.

- **복종(服從)**: 남의 명령·뜻을 그대로 따름.

- **신규(新規)**: 새로이 어떤 일을 하는 일. 새로운 규정.

- **수시(隨時)**: 일정하게 정하여 놓은 대 없이 그때그때 상황에 따름.

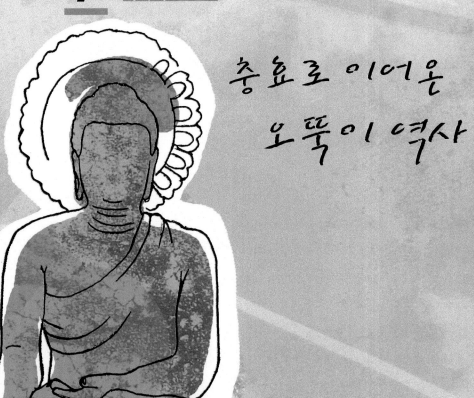

충효로 이어온
오뚝이 역사

제1과 역사 맥 잡기

1. 고조선 시대(BC2333~BC108년)

한국의 달력을 보면 10월 3일이 공휴일로 되어 있다.

무슨 날인데 쉴까? 대한민국의 생일날인 개천절(開天節)이다. 이 날은 한국의 역사가 시작된 건국일로 한국인에게는 기쁜 국경절이다. 기원전 2333년에 최초의 부족국가인 고조선(古朝鮮)이 탄생하면서 한민족의 뿌리 역사가 시작되었기 때문이다. 그래서 흔히 한국의 역사를 '반만 년 *유구한 역사' 혹은 '오천년 역사'라고 한다.

한반도에는 고조선보다 이미 수십 만 년 전부터 사람이 살았다고 추정되지만 정확히 알 수는 없다. 다만 최초의 부족 사회였던 고조선은 청동기 시대를 배경으로 제정일치(祭政一致)의 통치 모습을 갖춘 국가형태였다. 백성들은 주로 농사를 짓고 정착해서 살았다. 〈8조 법금(法禁)〉이라는 기록에 의하면 '남의 물건을 훔친 사람은 데려다 노비로 삼는다. 단, 스스로 죄를 뉘우치면 벌금 50만전을 내야한다' 라는 조목이 있다. 그 법령 자료로 보아 고조선 사회는 사유재산을 인정하며 귀족과 노비가 있는 신분사회였으며 질서가 잘 잡힌 사회였음 또한 알 수 있다. 고조선이 번창한 왕국이었을 때는 중국 동북 일대와 한반도 북부에 걸친 넓은 영토를 차지하고 있었다. 기원전 1세기 무렵, 이웃 중국 한나라의 위협을 받다가 막을 내렸다.

한편, 어느 국가나 건국신화가 있어서 국민들로 하여금 역사와 민족공동체 의식을 갖게 하는데, 한국에서도 고조선을 세운 단군에 대한 이야기가 〈삼국유사〉에 기록되어 전해 내려온다.

한국인의 시조(始祖)인 단군에 얽힌 신화는 이러하다.

옛날에 하늘을 다스리던 환인이라는 임금이 있었다. 그의 아들 환웅은 땅에 내려가 홍익인간의 목적으로 인간을 널리 이롭게 할 복된 나라를 만들고 싶어 했다. 이에 환인이 허락하여 비, 구름, 바람의 신과 함께 3000명의 무리를 데리고 태백산(太白山, 지금의 백두산

고조선 지도

으로 추정)에 내려와 신시(神市)를 세우고 인간 세상을 다스려 나갔다. 어느 날 곰과 호랑이가 환웅에게 찾아와 사람이 되고 싶다고 소원했다. 환웅은 그들에게 쑥과 마늘을 주며 100일 동안 이것만 먹고 햇빛을 보지 않으면 인간이 된다고 일렀다. 곰은 끝내 참고 견뎌서 마침내 아름다운 여인이 되었다. 인간으로 된 웅녀(熊女)와 환웅이 결혼해서 낳은 아들이 바로 단군이다.

단군신화를 통해서 한국인의 내면을 엿볼 수 있다. 말하자면 나라의 시조가 하느님의 손자에 비유하는 천신사상으로 이것은 경천애인(敬天愛人)사상과도 통한다. 하늘을 공경하고 사람을 공경하며 이웃을 사랑하여 하늘나라와 인간 세계의 조화로 살기 좋은 세상을 만들자는 뜻을 가지고 있다. 고조선은 단군이 '널리 인간을 이롭게 한다'는 홍익인간(弘益人間)의 이념으로 세웠다고 한다.

2. 삼국 시대(BC108~AD676년)

한국인은 활을 잘 쏜다.

올림픽 양궁 종목에서 우수한 성적을 늘 차지한다. 이웃 중국인들의 옛 기록에도 보면 한국인을 가리켜 '동이족(東夷族)'이라고 했다. 그것은 '동쪽에 사는 큰 활을 가진 사람들'이라는 뜻이다. 한국 고대사에서 고구려를 건국한 주몽은 '활을 잘 쏘는' 뜻을 가진 이름이라고 한다. 몇 년 전 TV 프로그램으로 방영되어 인기를 모았던 드라마 '주몽'에서도 활을 잘 쏘는 사람으로 나왔다. 역사적 인물로 주몽과 그의 아들 온조 등이 나오는 배경이 한국의 삼국시대이다.

삼국 시대란 한반도가 고구려, 백제, 신라로 나누어져 있던 시대를 말한다.

삼국은 정치적으로는 한강을 서로 차지하려고 전쟁과 동맹을 거듭하며 발전하였다. 문화적으로는 중국으로부터 불교와 한문을 받아들여 삼국은 학문이 *고양되고 불교문화가 꽃피게 되었다.

고구려 전성기 지도

고구려는 BC 37년에 주몽이 압록강을 중심으로 한반도 북부에 세운 나라다. 고구려는 5세기경 광개토대왕과 장수왕 때 영토를 크게 넓혔다. 북으로는 고조선의 옛 땅을 모두 회복할 정도였고 남으로는 한강유역까지 차지하였다. 현재 중국 길림성에는 광개토대왕비의 유적지가 남아있어 그 당시의 역사를 말해주고 있다. 고구려 사람들은 중국과 끊임없이 세력다툼을 하면서 발전하였기에 *굳세고 강한 국민성을 가지고 있었다. 특별히 고구려인들은 말 타고 활쏘기를 잘 했으며 진취적인 기상을 가졌다. 오늘날까지 남아있는 수렵도 같은 고분벽화를 통해 고구려인의 생동감이 넘치는 *기상을 읽을 수 있다. 그래서 한국인들은 광개토대왕과

드라마 〈주몽〉   고구려 벽화

광개토왕비(廣開土王碑)   드라마 〈태왕사신기〉

고구려인의 정신을 존중하여 유적
지를 탐방하기도 하고 영화나 드라
마를 만들기도 한다. 드라마 〈태왕
사신기〉는 광개토대왕을 주인공으
로 하고 있는데 고대 역사에 흐르는
한국인의 문화와 정신을 재미있게
감상할 수 있다.

　백제는 BC 18년에 온조가 한강
유역에 터를 잡고 세운 나라이다.
오늘날로 치면 충청도와 전라도 지
역에 자리 잡은 나라이다. 한국의
서남부에 위치하였기에 일찍이 중
국과 문물을 교류하고 불교와 한문

백제의 멸망 전설이 서린
낙화암과 백마강

등의 대륙 문화를 일본에 전해주는 해상 무역의 중심 나라였다.
　백제의 마지막 왕은 의자왕이었다. 그는 정치를 돌보지 않
고 향락을 *일삼아서 무려 3천 궁녀를 거느리기도 했다고 한
다. 백제가 패하자 의자왕이 거느린 3천 궁녀들이 절벽에서 뛰
어내려 죽었는데 마치 꽃처럼 떨어졌다하여 '낙화암' 이 되었
다는 전설이 전해지고 있다. 현재 충청남도 부여에 가면 낙화
암을 볼 수 있다.
　또 의자왕의 충신이었던 계백 장군에 얽힌 유명한 *고사가

영화 〈황산벌〉

있다. 계백 장군은 나라의 운명이 다하여 백제가 신라에 이길 수 없음을 알았다. 그가 전쟁에 나가기 전에 아내와 자식을 자신의 손으로 죽이고 전쟁터로 나갔다는 가슴 아픈 고사가 전해 내려온다. 계백 장군은 5천 명의 결사대를 이끌고 신라와 맞서 죽을 각오로 싸웠으나 결국 패하게 된다(660년). 영화 〈황산벌〉은 백제의 계백장군과 신라의 김유신 장군이 대결해서 신라가 삼국을 통일하는 역사를 잘 다루고 있다. 특히 이 영화에서는 전라도와 경상도의 사투리를 거침없이 쓰고 있어서 한국의 지방색도 알 수 있다.

신라는 BC 57년에 지금의 경상도 지역에서 시작되었다. 최초의 왕은 박(朴)혁거세였다. 그 뒤로 석(昔)씨, 김(金)씨 차례로 왕조를 이어서 통일신라까지 계속되었다. 오늘날 한국의 성(姓)씨 중에서 박씨와 김씨가 많은 것도 신라가 통일신라로 그대로 이어지면서 오랜 역사의 주역이었다는 것과 무관하지 않을 것이다.

신라시대에는 한국 역사상 특별한 점이 있었다. 그것은 신라시대에만 3명의 여왕이 있었다는 것이다. 최초의 여왕은 선덕여왕인데 그가 왕이 된 이유는 성골(聖骨)만이 왕위를 계승할 수 있는 신라의 신분제도 때문이었다. 말하자면 성골 출신 중에서 왕위를 이을 남자가 없었다. 역사에는 선덕여왕을 *둘러싼 많은 설화도 함께 전해진다. 대표적으로 선덕여왕이 매우 지혜로운 여왕이었음을 알게 해주는 일화가 있다.

이야기인즉슨, 중국 당나라 왕이 모란꽃의 그림과 씨앗을 선물로 보내왔다. 그때 여왕은 '꽃에 향기가 없을 것이다'는 말로 예언을 했다. 그런데 꽃이 피자 진짜로 꽃의 향기가 없는 것을 보고 신하들이 여왕에게 어떻게 알았느냐고 묻자, 여왕은 그 꽃 그림에는 나비가 없는 것을 보고 알아차렸다고 말했다는 이야기다. 여왕은 결혼도 하지 않고 일생을 보냈으며 문화적으로 번영된 나라를 만들었다고 한다.

한편, 신라는 삼국 중 가장 늦게 발전하였지만 7세기에는 중국의 당나라와 손을 잡고 백제와 고구려를 멸망시키고 삼국 통일을 이룩한다. 통일에 큰 힘이 된 것은 화랑제도에 있었다고 한다. 화랑은 10대 청소년들로 구성되어서 학문과 무예를 연마하여 나라를 위해 충성하는 조직이었다. 화랑 중에서 많은 장수들이 배출되었는데 삼국 통일을 이룩한 김유신 장군도 화랑 출신이었다.

3. 통일신라와 발해 시대(676~935년)

한국에는 천여 년의 역사가 흐르는 도시가 있다.

경주시가 바로 그곳인데 도시 전체가 살아있는 박물관이다. 커다란 왕족들의 무덤과 절, 탑, 궁궐터, 조각품 등 역사 유물이 풍부하여 유네스코에서는 경주시를 세계문화유적지로 지정하였다. 경주가 이런 역사유적지가 된 것은 신라가 삼국을 통일하면서 도읍지를 통일신라가 그대로 이어나갔기 때문이다.

통일신라는 고구려 넓은 영토를 모두 차지하지 못하고 통일을 하게 되었다. 비록 불완전하지만 민족이 하나로 통일되어 단일민족 문화를 이루는 계기가 된 최초의 국가라는데 의의가 있다.

통일신라의 정치는 귀족중심 체제였다. 경제적으로는 중국 당나라와 교류가 활발하여 무역이 매우 발달하였다. 장보고는 바다에서 무역을 활발하게 한 사람으로 일본과 당나라와 무역을 해서 해상왕국을 건설하기도 했다. '바다의 왕자'

석굴암

라고도 불리는 그를 기리는 축제가 해마다 전라도 완도에서 열린다. 또 중국 산동성 석도(石島)에도 장보고 기념관이 있어서 역사 탐방객들의 발길이 잦아지고 있다고 한다.

예술에서는 불교문화를 바탕으로 불국사와 석굴암 같은 세계문화유산에 등재된 찬란한 문화유산을 많이 남겼다. 특히 불국사의 석가탑 안에서 발견된 불교경전 인쇄본인 다라니경은 700~751년 사이에 만들어진 것으로 추정되는데, 목판 인쇄로는 세계에서 가장 오래된 것이다. 비록 목판은 남아있지 않지만 그 인쇄물이 남아 있어, 당시의 인쇄 기술을 알 수 있다.

그러나 8세기 후반부터 신라는 귀족들의 분열로 세력이 약해지면서 나라가 기울기 시작했다. 지방에서 힘을 키운 세력이 등장하여 후백제와 후고구려가 만들어져 후삼국 시대를 30여년 지속하다가 935년 신라 천 년 왕국이 막을 내리게 된다.

한편, 통일신라 영토의 이북에는 발해가 건국하여 있었다. 발해는 고구려 장군이었던 대조영이 세운 나라였다. 전성기에는 '해동성국'이라 불릴 정도로 강성했다. 후에 거란족의 침입으로 국력이 쇠퇴하다가 고려에 흡수되었다.

4. 고려 시대(935~1392년)

한국의 영문자인 'Korea'는 어디서 나온 말일까?

고려 왕조는 후고구려를 세운 왕건이 세운 나라다. 그는 고구려인의 정신을 잇고자 하는 뜻에서 '고려'라는 이름으로 나라를 건국하였다. 고려는 주변 나라들과 대외교류정책을 활발하게 펴서 국제무역이 성행하였다. 멀리 아라비아 상인들까지 왕래하였다. 그런 상인들이 '고려(Corea, 코리아)'라는 이름을 *퍼뜨린 데서 비롯된 것이다.

고려는 불교를 국교로 하여 통일신라의 불교를 그대로 전승 발전하였다. 대중에게 불교가 전파되는 과정에서 불교경전을 인쇄하는 기술이 발달하였다. 1377년에는 금속 활자를 발명하여 '직지심경(直指心經)'이라는 세계에서 가장 오래된 금속활자에 의해 인쇄된 책도 남겼다. 이는 독일의 구텐베르크가 만든 금속활자보다 70여년이나 앞서 만들었다고 한다. 고려의 대표적 문화유산으로 '고려상감청자'라는 도자기가 유명하다. 옥색(玉色)비취빛은 동양에서는 장수와 부를 상징하는 좋은 색인데, 고려청자는 이 빛깔을 은은하게 담고

고려 시대 지도

고려 청자

팔만대장경판

있으며 거기에 무늬를 조각하였다.

고려 왕조는 13세기에 이르러 외침을 받아서 나라가 약해진다. 몽고족이 세운 원나라가 세계를 제패하면서 고려에도 여섯 차례나 쳐들어왔다. 고려 조정은 몽고군이 들판에서 말을 타는 민족이라 바다의 전쟁에는 약함을 알고 수도를 강화도로 옮기면서까지 대항했다. 30여년의 오랜 전쟁 속에서도 모든 백성이 뭉쳐서 용감하게 싸웠으나 결국 몽고의 간섭을 받게 된다. 그때 고려인들은 몽고에 항쟁하고 부처님의 힘으로 나라를 구하고자 목판에 불경을 새기며 소원을 빌었다. 1236년에 시작하여 무려 16년간에 걸쳐 팔만여의 불교경전을 목판에 새긴 팔만대장경판을 만들었다. 그것이 오늘날 세계에서 가장 방대하고 오래된 판목(版木)으로 세계문화유산으로 보존되고 있다. 현재 경남 합천 해인사에 보관되어 있다.

한편, 고려왕조가 무너질 무렵에 정몽주(1337~1392)라는 학자가 있었는데 그는 한국 역사에서 대표적인 충신으로 기억되는 인물이다. 고려 말기는 몽고가 세운 원나라와의 관계에서 기운이 쇠하고 혼란할 때였다. 이에 이성계와 같은 신진세력은 고려를 멸하고 새로운 왕국 건설을 꿈꾸면서 정몽주에게 동참하기를 권했다. 하지만 그는 끝내 고려의 임금에게 충성하고자 뜻을 굽히지 않다가 이성계의 세력에 의해 죽음을 당하게 된다. 정몽주는 '단심가'라는 시조를 지어 고려 임금에 대한 충성심을 꿋꿋이 밝힌 것으로 유명하다. 그 시는 지금까지 한국인들이 많이 읊조리는 불후의 명작이 되었으며 정몽주는 '충신의 표상'으로 전해지고 있다.

> 이 몸이 죽고 죽어 일백 번 고쳐 죽어
> 백골이 *진토되어 넋이라도 있고 없고
> 님 향한 *일편단심이야 가실 줄이 이시랴

5. 조선 시대(1392~1910년)

조선 전기

한국의 수도 서울은 600여년의 역사가 담긴 곳이다.

서울은 현대적 빌딩 숲 사이로 옛 조상들이 남긴 아름다운 궁궐이 많아서 전통과 현대가 공존하고 있는 매력적인 도시다. 지금도 서울 시청역에 있는 덕수궁에서는 그 옛날 왕궁을 지키던 수문장들이 했던 일을 조선시대의 복장으로 단장하고 공연되고 있다.

1392년 조선 왕조를 개국한 태조 이성계는 수도를 서울(그 때는 한양이라 부름)로 정하고 유교를 정신적 지주로 하여 국가의 틀을 잡아 갔다. 유교는 중국 공자의 사상이었는데 태조 이성계가 국민의 정신적 통합을 위해 종교화 하였다. 그것은 불교가 신라와 고려시대를 거치면서 권력화 되었던 점을 고치고 그 영향권에서 벗어나고자 하였기 때문이었다. 그래서 유교적 사상을 바탕으로 한 관료주의적 체제를 갖추게 되었다. 관직 체계를 동반(東班)과 서반(西班)이 나누었는데 이로써 조선을 양반 중심의 사회라 부르게 되었다.

조선의 네 번째 왕인 세종대왕은 북쪽의 여진족을 몰아내고 압록강과 두만강을 경계로 하는 오늘날의 국토를 그 때 정립했다. 특별히 세종대왕은 한국역사에 가장 위대한 왕으로 *칭송되는데 백성들을 위해 한글을 창제했으며 그리고 해시계, 물시계, 측우기 등을 만들어 과학을 장려하고 그 기술을 농사짓는데 활용하여 농업도 크게 발전시켰다. 이로써 조선은 모든 면에서 국가의 틀을 완비하고 강성한 국가로 발전하였다.

서울의 종로거리는 지금도 활발한 상가거리인데 조선시대에도 육의전이라하여 큰 상점이 있었다. 이처럼 조선시대의 제도나 풍습이 오늘날 한국인의 생활 속에 가장 많은 영향을 미쳤다고 할 수 있다.

16세기 말, 부강한 나라로 발전하던 조선은 양반사회의 분열로 *당쟁에 휘말리게 된다. 나라 밖의 정세에 적절한 대책을 세우지 못해 1592년에 일본이 침략해온 임진왜란(壬辰倭亂)이 일어났다. 왜군은 신식 무기인 소총으로 무장한 터라 활과 칼이 무기였던 조선과는 대결이 되지 않을 정도여서 불과 20여 일 만에 한양이 점령당했다. 하지만 7년 동안 끈질긴 항쟁으로 결국 왜적을

조선 시대 지도

한반도 땅에서 물리쳤다. 조선 역사에서 가장 위대한 장군으로 칭송 받는 이순신 장군의 활약이 컸다. 왜란이 끝난 후, 1636년에는 중국 청나라의 침입을 받아 조선은 또 다시 큰 전쟁을 겪게 되는데 이를 병자호란(丙子胡亂)이라고 한다.

조선 중기에 이와 같이 두 차례 큰 전쟁을 겪게 되자, 정치와 학문이 실제 생활에 도움이 되어야 한다는 실학사상이 나오게 되었다. 백성을 귀하게 여기는 사상들이 나오면서 백성들도 일반 교육을 받을 수 있도록 서당이 마을마다 생겨났다. 서민문학

이 발달하여 한글소설이 나오고 판소리와 농악, 탈춤 등 농민들의 의식도 깨어났다.

조선시대의 대표적 문화유산으로는 한글과 임진왜란 때 이순신 장군이 만든 함선인 '거북선'이라고 하겠다. 유교 정신에 바탕을 둔 그림, 서예가 발달하였고 건축에서는 경복궁, 남대문, 수원화성 등 궁궐이나 성문 등의 건축이 활발하였다. 공예에서는 소박한 서민적(庶民的) 특성이 담긴 백자와 분청사기를 남겼다.

조선 후기와 일제강점기(1910~1945년)

19세기에 접어들면서 조선 후기 사회는 크게 혼란해졌다. 국내적으로는 양반들의 *세도정치가 늘어나 양반을 사고파는 등 전통적 신분 체계가 흔들리게 된다. 농민들의 반란도 일어나 국력이 *소진되었다. 대외적으로는 서양 세력이 들어오기 시작하였다. 조선은 *쇄국정책을 펴 외세에게 문호를 개방하지 않고 전통 질서를 지키고자 하였다. 그러나 이웃 나라 일본이 중국대륙으로 세력을 확장하기 위한 발판으로 조선을 침략해왔다. 조선은 일본 침략에 대항해 거세게 민족운동을 전개했으며 나라의 위치를 새롭게 하여 세계에 조선이 자주독립국임을 알렸다. 이에 고종 임금은 나라 이름을 '대한제국'으로 바꾸고 황제 국가임을 선포했다. 그렇지만 꺼져가던 국가의 운명을 막을 수가 없어 조선 500여년 역사의 막을 내리고 1910년 일본에 합병되는 수모를 겪는다.

일본은 조선의 국권을 침탈한 후 일본식 이름을 쓰게 하고 한글을 가르치지 못하게 하는 등 민족문화를 철저히 없애려고 했다. 또 청일전쟁을 일으키면서 조선의 인적, 물적 자원을 빼앗아 갔다. 이런 고난 속에서도 항일운동은 계속되어 1919년에는 3.1 독립운동이 범국민적으로 일어나 세계를 놀라게 했다. 이어서 중국 상해에 임시정부를 수립하여 해외에서도 독립운동을 펼쳐나갔고 독립군을 조직하여 무장 독립 운동도 함께 전개하였다. 그러다 1945년 8월 15일 2차 세계대전의 끝남과 일본의 패망으로 마침내 36년간의 일본 통치로부터 해방을 맞이하였다.

• 대한민국 임시정부 국무원 기념사진
•• 유관순(뒷줄 맨 오른쪽, 이화학당 재학시)

일본강점기 때 기억할 인물이 많지만 삼일절(3.1)과 유관순을 빼놓을 수 없다. 매년 3월 1일이 되면 그를 기리는 노래를 부르곤 한다. 그녀는 3.1운동 때 독립 만세를 부르다 일본 경찰에게 체포된다. 감옥에서 온갖 고초에 시달려도 조국의 독립만을 바라며 만세를 부르다가 유관순 18살의 어린 나이에 순국하였다. '한국의 잔다르크'라고 부르기도 한다.

유관순 노래
삼월 하늘 가만히 우러러 보면,
유관순 누나를 생각합니다.
옥 속에 갇혔어도 만세 부르다
푸른 하늘 그리며 숨이 졌대요.

3.1운동 기념 조각

또 민족독립운동가 33인이 학생들과 더불어 3월 1일 정오에
탑골 공원(파고다 공원)에서 독립선언문 낭독 후 만세를 부르기로
하였다. 그 때의 독립선언문은 현재 세계적인 명문장(名文章)으
로 평가받고 있다. 한국 교과서에 실려 조상들의 정신이 새겨진
아름다운 문장을 학생들이 배우고 있다. 또 매년 12월 31일 자
정에는 한 해를 보내고 새 해를 맞는 제야(除夜)의 종을 서울 종
로의 보신각에서 치는데, 이때 33번을 타종하는 것도 3.1 운동
민족대표 33인의 정신을 기념하는 뜻에서이다.

한국인들은 일본의 침략으로 고통 중에 있었지만 이 시기에
*주옥같은 문학 작품을 많이 남겼다. 그것은 지식인들이 나라

잃은 슬픔을 총칼로 대항하기 보다는 글로써 표현하여 인간의 내면을 관찰하고 애국심을 고취(鼓吹)하고자 했기 때문이다. 고통을 아름다운 문장으로 승화한 것이 많아서 한국문학사에서 근대문학으로서 당당한 위치를 차지하고 있다. 당시의 시나 소설 등이 국어교과서에 실려 *애송되므로 한국인이라면 누구나 몇 작품 정도는 기억하고 있다. 대표적인 시(詩)로 한용운의 〈님의 침묵〉이나 김소월의 〈진달래〉가 있다.

6. 대한민국 시대(1945~)

한국의 역사는 지금의 한국인에게 숙제를 안겨주었다.

남북한의 통일! 그것이 한국인들의 오랜 *염원이요, 숙제다. 현재 한국은 남북이 서로 분단되어 있는 세계 유일의 나라다. 남북 분단국가, 판문점, *이산가족 등……. 이러한 말은 현대사에서 동족간의 비극을 담고 있으며 그 결과 현재 한국의 남자들은 누구나 군대를 가야하는 병역의 의무가 있다. 한국 영화 〈웰컴투 동막골〉과 〈공동경비구역 JSA〉에서는 6.25전쟁과 분단 상황을 상징하는 판문점을 이야기의 배경으로 하고 있어서 한국현대사에 대한 참고가 될 만하다.

한국의 남북 분단 역사는 1945년 시점으로 거슬러

남북분단의 현실, 영화 〈공동경비구역JSA〉

올라가서 이해해야 한다. 한국은 단군 고조선 시대 이후부터 수천 년 동안 왕이 중심이 되는 군주국이었다. 1910년에 왕국 체제가 무너지고 일본에 점령당했다가 1945년 광복되었다. 해방은 되었지만 새로운 통치지도 체계가 없어 혼란한 시기가 이어졌다. 이 때 나타난 남과 북의 세력들이 각각 미국과 소련의 배경과 연결되면서 정치 지도부가 세워지게 된다. 이로써 1948년 나라가 분단되는 운명에 놓이게 된 것이다. 남쪽은 자유민주주의에 입각한 대통령 중심제를 내세우면서 대한민국(한국) 정부가 수립되었고 북쪽은 공산주의 정권이 수립되었다.

그런데 정부가 기틀도 잡기 전에 1950년 6월 25일에 북쪽에서 갑자기 남한을 침공하는 6.25 전쟁이 일어났다. 이에 국제연합회의(UN)에서는 연합군을 보내 한국을 도왔다. 1953년 *휴전 협정으로 전쟁은 종결되었으나 오늘날까지 남과 북은 분단된 상태다.

한국의 근현대사는 36년간 일본의 압제 하에 있었고 또 다시 3년간 동족상쟁(同族相爭)을 겪는 수난의 세월이었다. 한국은 전쟁의 *잿더미 위에 먹고 입을 것이 없어 허덕이는 상황이었다. 정치적으로도 불안하여 부정선거를 해 정권을 연장시키려 하자 학생과 시민들이 항거하는 *시위가 연달아 일어났다.

이에 1960년대 초, 군인 출신인 박정희 대통령이 새롭게 통치를 하게 된다. 그는 강력한 지도력을 바탕으로 헐벗고 굶주린 국민들의 생존을 우선 해결하였고 새마을 운동과 국민정신 교육으로 한국의 근대화를 추진했다. 그 결과 '한강의 기적'이란 말을 탄생시킬 정도로 불과 30여년 만에 세계가 놀랄만한 경제 발전을 이룩하였다. 오늘날 한국인들은 박대통령 때문에 '먹고 살만하게 되었다'라는 말을 한다. 그런 공로에도 불구하고 그는 *장기집권에 따른 부정적인 영향으로 1979년에 막을 내렸다.

이후, 1980년 전두환 대통령을 비롯하여 2010년대의 이명박 대통령에 이르기까지 한국은 지속적인 경제성장을 이뤄 세계 10위를 오르내리는 무역규모를 가진 나라가 되었다. 21세기를 사는 오늘의 한국은 IT강국으로 지식경제를 기반으로 하는 세계화에 발맞추고 있다.

제2과 한국 돈의 인물들

1. 한글 창제와 세종대왕

한국 돈 10,000원 지폐에 그려져 있는 초상화는 세종대왕이다.

세종대왕(1397~1450)은 한국 역사상 가장 훌륭한 임금이다. 그래서 2009년 봄까지 유통된 화폐 중에는 일만 원 권이 가장 높은 단위인데 여기에 단연코 세종대왕이 새겨져 있는 것이다.

세종대왕은 한국 역사상 나아가 세계 역사상에도 위대한 업적을 남겼는데 그것은 바로 한글(훈민정음)을 창제한 것이다. 한글은 매우 독창적이고 과학적이어서 오늘날 세계문화유산으로 되어 있다. 세종대왕은 오직 백성들을 위해 부모마음처럼 보살핀 *성군이었다. 문자를 만든 것도 백성들이 배우기 쉬운 글자를 익혀서 자기의 뜻을 표현하라는 목적에서 만들었다. 측우기를 발명하여 세계 최초로 비가 내린 양을 측정하였다. 과학과 기술을 농사에 적용하여 백성들이 더 잘 살게 하였다. 그 외에도 세종대왕은 각종 출판, 음악, 예술, 국방 등 모든 방면에서 오직 나라와 백성을 위한 가장 위대한 임금이었다.

세종대왕

한편, 세종대왕은 정치적으로 반대편에 있던 사람들조차도 모두 너그럽게 덕으로 다스렸던 어진 왕이었다. 고려 말에 충절을 지킨 정몽주와 길재 두 사람은 조선 왕조에서는 역신인데 이들을 역사책에 충신에 넣느냐 아니 넣느냐는 문제로 사관들이 난처한 입장에 처했다. 이때 세종대왕은 신하들에게 다음처럼 말씀하여 감격의 눈물바다로 만들었다고 한다.

"정몽주와 길재는 당연히 충신에 넣어야 하지요. 역사는 언제나 승자와 패자가 있습니다. 그리고 승자가 역사를 이끌어 나가지요. 그런데 승자가 패자를 모두 역적으로 둔다면 역사는 끊어지고 맙니다. 고려의 신하가 망해가는 고려에 충절을 바쳤다면 그는 역사에 충신이 됩니다".

만원권 지폐와 세종대왕

2008년 KBS 방송 드라마 〈대왕 세종〉이 있어서 좋은 참고가 될 만하다. 또 경기도 여주에는 세종대왕능이 있어서 역사 속에서 위대한 왕을 만나는 좋은 학습장이 되고 있다.

2. 조선시대 대학자 이이와 이황

한국 돈 5,000원과 1,000원 권 지폐에는 이이와 이황이 그려져 있다. 두 사람 모두 조선시대 성리학자이다.

오천원권 지폐와 이이

이이(1536~?)는 '율곡'으로도 불려진다. 율곡은 어린 시절에 외가인 강릉에서 자랐다고 한다. 강릉은 예나 지금이나 산과 바다, 호수와 강을 두루 품고 있는 아름다운 경치를 자랑하는 곳이다. 그래서 오천 원 권 지폐 뒷면의 그림은 아름다운 강릉을 배경으로 하여 어린 시절 자라났던 외가집 오죽헌의 모습이다.

학자 이율곡은 학문이 현실 문제를 해결하여야 한다는 주장으로 획기적인 사회 정책을 제시했다. 특히 그가 주장한 십만양병설은 유명하다. 그것은 일본이 쳐들어올 것에 대비하여 군사를 길러야한다고 주장한 것이었다. 그후 일본의 침략으로 그 예측이 정확히 맞았다. 그가 지냈던 경기도 파주에 가면 화석정이나 학문을 연구했던 자운서원 등 그와 관련된 유적지가 있다

천원권 지폐와 이황

이황(1501~1570)은 호가 퇴계이고, 안동 도산에서 태어났다. 그의 철학은 진리가 평범한 일상생활 속에 있다는 것이 학문의 근본 입장이다. 그가 세운 교육기관인 도산서

원은 지금도 남아있다. 임진왜란 후 일본에 소개 되어 일
본 유학계에 영향을 주었다.

3. 거북선과 이순신 장군

100원 짜리 동전에는 이순신 장군의 초상화가 새겨져
있다.

100원짜리 동전

이순신(1545~1598) 장군은 임진년(1592년) 때 일본이 쳐
들어오자 바다에서 그들을 크게 무찔러 나라를 지켰다. 특
히 그가 만든 거북선으로 일본 함선 122척을 격파함으로
써 세계 해전(海戰) 사상 최고의 기록을 세웠다. 거북선은
16세기 말 건조된 세계 최초의 철갑선이다. 현재 경상남도
통영시 앞바다 한산섬에 가면 장군의 역사적 발자취를 느
낄 수 있다. 그는 글에도 능하여 난중일기(亂中日記) 등 여러
작품을 남겼다. 그 중 '한산섬'이란 시에서는 아름다운 바
다가 전장(戰場)이 되는 안타까움이 담겨 있다.

이순신

> 한산섬 달 밝은 밤에, 수루(戍樓)에 홀로 앉아
>
> 큰 칼 옆에 차고, 깊은 시름 하는 차에
>
> 어디서 일성호가(一聲胡笳)는 남의 애를 끊나니.

한국에서 현재 사용되고 있는 화폐에 나타난 인물의 공통점은 모두 조선 시대의 사람으로 학식이 뛰어났던 대왕과 선비였다. 이것으로 한국인은 비록 큰 나라 옆에 있는 작은 나라였지만 군인이 지배하지 않고 문화의식이 높은 지식인이 역사를 지켜왔으며 주변국에게 오히려 동방예의 지국으로서 문화민족의 전통을 심어주었다는 것을 자랑스럽게 여긴다는 뜻이다.

참고로 이웃 나라 중국의 화폐에는 현대인물로 모택동과 주은래 등 정치인을 그려 넣었다. 일본은 근대 인물로 나쯔메와 같은 문화인을 그려 넣었고 한국은 옛 인물로 선비와 학자를 그려 넣었다.

4. 한국의 대표적인 여인상, 신사임당

2009년 봄, 한국에서는 50,000원권 지폐가 새로 발행되었다.

새 화폐에 그려진 인물의 주인공은 한국의 대표적인 여인상인 신사임당이다. 한국 돈에 최초로 여성이 모델이 된 것은 교육과 가정의 중요성을 환기시키고자 하는 시대적 반영이라 할 수 있다.

신사임당(申師任堂)은 조선시대 중기의 여성으로 그 당시

오만원권 지폐와 신사임당

현모양처의 귀감이 되었던 인물이다. 그는 아내로서의 역할, 부모로서의 역할을 훌륭히 하였으며 나아가 자신의 능력과 소질을 개발하여 많은 작품을 남기기까지 했다. 그는 시문(詩文)과 그림에 뛰어나 한국 제일의 여류화가라는 평을 듣는다. 무엇보다 '이율곡' 하면 어머니 신사임당을 떠올릴 정도로 아들을 훌륭하게 키운 어머니로서 칭송을 받고 있다.

01 다음 사항을 읽고 그 설명이 맞으면 ( ) 안에 O, 틀리면 X를 하시오.

   1) 한국의 영문자 Korea는 고려시대의 '고려(Corea)'에서 나온 말이다. (   )

   2) 한국에서 '천년의 역사'를 간직한 오래된 도시가 서울시이다. (   )

   3) 새로 나온 50,000원권 화폐에는 신사임당 초상화가 있다. (   )

   4) 한국인은 영토를 크게 넓혔던 고구려인의 진취적 기상을 존중한다. (   )

   5) 거북선이란 배는 조선시대 이순신이라는 장군이 만든 철갑선이다. (   )

02 한국 돈 일만 원 권 지폐에는 한국의 역사 인물 중 누가 그려져 있나요? 그의 업적은 무엇인지 아는 대로 쓰시오.

03 1950년 6월 25일 이후, 오늘을 사는 한국인에게는 국민적 염원과 숙제가 있다. 그것은 무엇입니까?

04 한국은 올림픽 종목에서 늘 우수한 성적을 차지하는 것이 양궁이다. 한국 역사 속에서 활을 잘 쏜 흔적을 찾아보고 이야기 해봅시다.

05 한국의 건국신화에는 단군신화라는 얘기가 전해 내려온다. 이 신화를 아는 대로 서술해보시오. 또한 자신의 나라에 대한 건국신화를 서로 이야기 해봅시다.

어휘 알아보기

words

- **유구한/유구(悠久)하다**: 길고 오래다.

- **고양(高揚)**: 정신·기분 따위를 높이 북돋움.

- **굳세고/굳세다**: 굳고 힘이 세다. 뜻한 바를 굽히지 않고 나아가다.

- **기상(氣象)**: 사람이 타고난 올곧은 마음씨와 겉으로 드러난 의용(儀容)

- **일삼아/일삼다** : 좋지 않은 일을 계속해서 하다.

- **고사(故事)**: 옛날부터 전해 내려오는 유서 깊은 일.

- **둘러싼/둘러싸다** : 빙 둘러서 에워싸다. 행동이나 관심의 중심으로 삼다.

- **퍼뜨린/퍼뜨리다**: 세상에 널리 알게 하다.

- **진토(塵土)**: 티끌과 흙.

- **일편단심(一片丹心)**: 한 조각 붉은 마음. 곧, 진심에서 우러나오는 변치 않는 마음.

- **칭송(稱頌)**: 공덕을 일컬어 기림. 칭찬하여 일컬음. 송찬.

- **당쟁(黨爭)**: 당파를 이루어 서로 싸움. 당파 싸움.

- **세도정치(勢道政治)**: 세도가(勢道家)에 의해 온갖 정사(政事)가 좌우된 정치.

- **소진(消盡)**: 점점 줄어들어 다 없어짐. 또는 다 써서 없앰

- **쇄국정책(鎖國政策)**: 외국과의 통상·교역을 하지 않는 정책.

- **주옥(珠玉)**: 구슬과 옥. 곧, 여럿 가운데 가장 아름답고 귀한 것.

- **애송(愛誦)**: 글이나 노래를 즐겨 욈.

- **염원(念願)**: 내심에 생각하고 원함.

- **이산가족(離散家族)**: 헤어지거나 흩어져서 떨어져 사는 가족

- **휴전(休戰)**: 하던 전쟁을 얼마 동안 쉼.

- **잿더미**: 재를 모아 쌓아 둔 무더기. (비유적으로) 불에 타서 폐허가 된 자리.

- **시위(示威)**: 위력이나 기세를 드러내어 보임.

- **장기집권(長期執權)**: 오랜 기간 동안 정치적 권력을 잡음.

- **성군(聖君)**: 덕이 아주 뛰어난 어진 임금. 성주(聖主).

노래하고 춤추기
좋아하는 민족성

제1과 전통문화와 유산

1. 아리랑, 판소리, 사물놀이

한국 음악은 크게 국악과 양악으로 구분된다.

국악은 오랜 시간 내려온 전통 음악을 말하고 양악은 1900년대 후에 유입된 서양음악을 바탕으로 한국인의 정서를 표현한 음악을 말한다.

국악은 궁중이나 양반층에서 향유하는 정악(正樂)과 백성들이 즐기는 민속악으로 나누어졌다. 정악에는 왕궁에서 제사지낼 때 연주되던 종묘제례악이 대표적이다. 민속악에는 민요, 판소리, 풍물농악 등이다. 국악에 쓰이는 악기는 60여종이 넘는다. 현악기로는 거문고, 가야금 등이며 관악기로는 대금, 통소가 있고 타악기에는 북, 장고, 징, 꽹과리 등이 대표적 악기다.

아리랑은 한국의 대표적인 민요이다. 민요는 그 시대의 생활 감정을 꾸밈없이 잘 담고 있는 민족의 고유한 소리요 가락이다. 아리랑 민요는 백성들의 삶을 기다림과 한(恨)의 미학으로 승화시킨 민요이다. 아리랑은 지역에 따라 다양하게 있다. 강원도 정선아리랑, 진도아리랑, 경상도 밀양아리랑을 3대 아리랑으로 꼽는다. 밀양아리랑은 매우 경쾌하다.

> 아리랑
> 아리랑 아리랑 아라리요
> 아리랑 고개로 넘어간다
> 나를 버리고 가시는 님은
> 십리도 못가서 발병난다

판소리는 이야기체 노래다. 한 사람의 소리꾼이 북치는 사람의 장단에 맞추어 노래와 몸짓과 말을 섞어가며 연기하는 일종의 일인 오페라(opera)라고 할 수 있다. 판소리는 '판'과 '소리'의 합성어로 '소리'는 음악을 말하고 '판'은 많은 사람들이 모인 놀이판에서 부르는 노래라는 뜻이다. 소리꾼은 이야기를 구수하게 풀어내어, 듣는 이를 웃기기도 하고 울리기도 하고 청중들을 향해 이야기를 건네기도 한다. 청중들은 흥이 나면 '얼쑤'라는 말로 *추임새를 넣어주기도 하며 함께 즐긴다. 소리를 하는 사람은 손에 부채를 들고 노래하는데 남녀 모두 한복을 차려입는다.

판소리는 서민 문화가 발달한 조선 후기에 널리 행해졌다. 예로부터 예술이 발달한 전라도를 중심으로 전승되어 전라도 동북지역의 소리제를 동편제(東便制)라 하고 전라도 서남지역을 서편제(西便制)라 한다. 임권택 감독의 영화 〈서편제〉는 바로 이런 판소리꾼들의 삶의 애환을 다룬 것이다. 이 영화는 프랑스 칸느 영화제

풍물놀이

판소리 공연을 하고 있는 소리꾼과 고수

북, 장구, 징, 꽹과리를 가지고 노는
사물놀이

에서 선보여 한국문화의 독특함을 상기시켜주어 좋은 평가를 받기도 하였다.

이 영화로 인해 국악은 그동안 서양 음악에 밀려 쇠퇴했던 것에서 다시 활기를 띠게 되었다. 요즘엔 대학가나 젊은 사람들이 모인 곳에서도 풍물놀이나 판소리 등이 공연되는 것을 자주 볼 수 있다. 또 대중음악에도 국악의 요소를 넣어 독특한 음악으로 만들어내기도 한다. 김덕수 사물놀이 공연, 난타 등이 있다. 사물(四物)놀이란 꽹과리ㆍ징ㆍ장구ㆍ북 등 4가지 타악기를 가지고 노는 농악놀이다. 이런 전통 농악에다가 서양의 재즈와 같은 현대적인 신나는 리듬으로 재창조한 김덕수 사물놀이패가 유명하다. 이미 해외에서도 여러 차례 공연되어 세계적으로 유명한 이벤트가 되었다.

대표적인 민담인
〈춘향전〉과 〈심청전〉

2. 전래 민담과 시

옛날 대가족제도에서는 할머니들이 어린 자손들에게 많은 이야기들을 들려 주었다. 주로 입에서 입으로 전해 내려오는 옛날 이야기가 많았다. 눈 내리는 겨울밤에 밤을 구워먹거나, 더운 여름밤에 평상에 누워 할머니에게 듣는 옛날이야기는 소중한 추억이었다.

옛날이야기에는 도깨비와 귀신, 혹은 산신령 등 초월적 존재들이 등장하는 이야기와 가족 간의 갈등을 그린 이야기가 많다. 옛날이야기 속에 공통적으로 들어 있는 교훈은 권선징악(勸善懲惡)이다. 이렇듯 옛날이야기를 통해 자녀를 올바르게 가르치려는 어른들의 노력이 배어 있다. 한국인들이 좋아하고 즐겨 이야기하는 민담으로는 〈춘향전〉, 〈콩쥐팥쥐〉, 〈심청전〉, 〈흥부와 놀부〉 등이 있다.

시는 한글에 대한 중요성을 깨닫고 민족의 문자를 쓰고자 했던 일제 치하에서 주옥같은 시가 많이 탄생하였다. 대표적인 한국의 시인으로 김소월(1903~1934)을 들 수 있다. 소월의 시를 읽으면 고향이 생각나고, 사랑하는 사람이 그리워진다. 한국인이 가장 많이 애송하는 〈진달래꽃〉을 읊어본다.

진달래꽃

나보기가 역겨워 가실 때에는
말없이 고이 보내 드리오리다.

영변에 약산 진달래꽃
아름따다 가실 길에 뿌리오리다.

가시는 걸음걸음 놓인 그 꽃을
사뿐히 즈려 밟고 가시옵소서.

나보기가 역겨워 가실 때에는

죽어도 아니 눈물 흘리오리다.

탈춤

3. 무용과 연극

한국의 무용이나 연극의 시초는 고대부족들
의 제천의식에서 발단되었다. 제사가 끝나면
술을 마시고 모여서 노래하며 춤을 추었다. 한
국의 무용은 전통무용과 현대무용으로 나눈다.
전통 무용에는 궁중무용과 민속 무용이 있다.
궁중무용은 궁중의 여러 행사 때 주로 쓰였는데 장구춤, 부채
춤, 화관무 등이 오늘날까지 활발하게 공연되고 있다. 민속무용
에는 탈춤, 강강술래, 승무(僧舞), 살풀이춤 등이 있다. 살풀이춤
은 손에 수건을 들고 추는 것이 특징인데, 한국 사람들이 *신명
나면 흔히 손수건 같은 것을 들고 춤추는 것과 연관이 있다고
한다.

한국의 전통 연극으로는 탈춤, 꼭두각시 인형극, 무당굿 놀이
등이 있다. 탈춤은 탈을 쓰고 춤을 추는 가면극 형태다. 탈춤에
는 경북 안동의 하회 탈춤이 유명하다. 조선 말기에 정치 세력
가였던 안동의 양반들을 풍자하고 비판한 내용들이 주로 많은
편이다. 이 때 사용되는 탈은 등장인물의 성격을 잘 드러내는

표정을 보여주고 있다. 현대 연극은 1950년대 이후부터 발전하였다. 현대 연극 중 뮤지컬 〈명성황후〉는 국내는 물론 미국 뉴욕 브로드웨이에서 호평을 받는 등 국제적으로도 유명한 작품이다. 이런 것을 관람하고 싶으면 서울 동숭동을 찾으면 된다. 그곳에는 다양한 공연들이 늘 풍성하게 있다.

4. 회화, 서예, 공예

한국 회화가 본격적으로 발달한 것은 삼국시대 이후라 추정한다. 고구려 시대의 미술을 추측해볼 수 있는 것이 벽화에 남아 있는데 수렵도, 풍속도, 무용도 등이 있다. 그런 그림에는 말타고 활을 쏘는 고구려인의 씩씩한 *기상을 알 수 있다. 신라의 미술은 현재 경주시에 있는 천마총이라는 무덤에 그려진 천마도라는 그림에서 신라 미술의 품위를 엿볼 수 있다. 고려 때는 불교 그림이 많이 그려졌다. 조선 시대에는 불교 외에 *민중의 생활 풍속화도 다양하게 그려졌다. 한국의 전통 미술이라 하면 아무래도 조선시대의 것이 많다고 할 수 있다.

한국의 전통 미술은 붓과 먹물로 그린 주로 흑백색의 담백한 그림이다. 소재로는 사람보다 자연을 많이 표현했다. 그 중 조선시대 양반들이 주로 그렸던 사군자(四君子)가 유명하다. 사군자라 함은 매화, 난초, 국화, 대나무를 소재로 하여 수묵화(水墨

사군자 중 난초와 대나무 · 김홍도의 풍속화

김정희의 글씨

호랑이

畵)로 된 그림을 말한다. 그 외에 한국 사람들이 예부터 즐겨 그린 소재로는 소나무와 호랑이 소재가 있다. 소나무는 사시사철 푸른색이 마치 변함없는 충성이나 우정을 상징한다고 여겨서 그렇다. 호랑이는 한국의 전래 동화 같은 데서 많이 등장하는 소재여서 그런지 호랑이의 무서운 표정보다 친근하게 그린 그림이 많다. 조선시대 후반에는 민중의 삶을 그린 풍속화가 제법 그려졌다. 김홍도는 풍속화의 대표 화가이다. 그가 그린 '서당'이나 '씨름하는 장면' 등은 유명하다.

미술의 한 분야로 서예도 있다. 서예는 주로 양반계층에서 교양으로 많이 써졌다. 서예가로는 조선시대 김정희의 글씨가 유명하다. 요즘은 한글 서예를 많이 쓰는데, 가훈이나 격언 등을 써 집안을 장식하기도 한다.

공예로는 도자기를 비롯하여 한지, 탈, 금속, 기타 나전칠기 공예 등이 있다. 한국의 도자기 공예는 좋은 흙을 사용하여서 품질이 좋고 독특한 빛깔을 지니는 것이 특징이다. 고려시대의 고려청자(高麗靑瓷)는 한국의 대표 작품으로 세계에 널리 알려져 있다. 조선시대에는 소박한 멋을 지닌 순백색의 조선백자(朝鮮白瓷)가 널리 유행했다. 청자와 백자는 유약을 바른 고급 그릇이다. 이에 비해 일반 백성들은 진흙 황토를 *빚어서 유약을 바르지 않은 질그릇을 많이 사용해왔다. 질그릇에는 옹기, *단지, 항아리, 장독 등 여러 종류가 있다. 질그릇은 미생물 번식을 억제하고 그릇 표면이 숨을 쉬는 것이라서 간장, 된장, 김치, 막걸리처럼 오래 저장해두고 먹는 음식이 많은 한국인들에게는 안성맞춤인 그릇이다.

서울 근교에 있는 이천, 여주 등지에는 도자기 촌으로 유명하다. 그곳에는 도자기 박물관이 있어서 구경도 하고 체험 도자기 교실에서는 자신이 직접 만들어 볼 수도 있다. 현대적인 도자기도 살 수 있어서 자녀들과 하루 나들이를 하기에

백자와 놋그릇

전주한지문화축제

장독 항아리

한글로 장식한 한지옷   한지로 만든 풍물놀이 인형

좋다.

한지공예는 한국의 전통적인 종이 예술품이다. 한지 혹은 창호지라고 하는 종이는 닥나무가 원료이다. 다른 종이에 비해 질감이 부드럽고 질기며 결이 *투박하여 색깔이 *번지면 매우 자연스러운 느낌이 있다. 이런 특성을 살려 작은 그릇이나 보석함, 닥종이 인형 등 여러 가지 예술품을 만든다. 한지는 전라북도 전주지방에서 생산된 것이 유명해서 매년 5월이면 전주한지문화축제가 개최된다.

한국의 금속공예에는 놋쇠라고 부르는 놋그릇(유기, 鍮器)이 유명하다. 전통적인 식기였던 놋그릇은 은은한 금빛을 *띠고 있어 아름답다. 놋그릇은 몸에 해로운 균이나 벌레를 없애는 역할도 하며 농약성분 등이 있으면 색이 검게 변하여 위험을 알려주기도 한다. 동시에 몸에 좋은 미네랄 성분을 생성하는 매우 과학적인 그릇이라고 증명되었다. 하지만 다소 무겁고 색이 변하는 등 *마구 쓰기에는 불편한 점이 있다. 그래서 바쁜 현대인들은 잘 쓰지 않지만 아직도 제사 때는 놋그릇을 대부분 쓰고 있는데, 경기도 안성 지방에서 만든 놋그릇이 가장 질이 좋다고 하여 '안성맞춤' 이라는 말도 있다.

5. 세계문화유산

세계문화유산(遺産)

유네스코(UNESCO)가 지정한 한국의 세계문화유산(遺産)은 ① 창덕궁 ② 수원화성 ③ 석굴암 · 불국사 ④ 해인사 장경판전 ⑤ 종묘 ⑥경주 역사유적지구 ⑦ 고인돌 유적 ⑧ 제주 화산섬과 용암동굴 ⑨ 조선왕릉 ⑩ 안동과 양동의 역사마을이다.

창덕궁의 인정전

고인돌유적

수원 화성

경주 불국사

경주 역사유적지구 중 남산

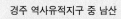

서울시에 있는 〈창덕궁〉은 조선왕조 1405년에 건축되어 역대 제왕이 정사를 보살펴 온 궁이다. 당시 세계의 궁전 건축 역사와 비교할 때 탁월한 점은 자연경관을 배경으로 한 건축과 조경의 완벽한 조화라고 한다.

경기도 수원시에 있는 〈수원화성〉은 조선시대 정조대왕이 지었다. 그는 아버지 사도세자의 넋을 기리기 위해 만들었는데, 성벽이 *방어적 기능이 뛰어난 특징을 갖고 있다.

경주에 있는 〈불국사〉는 한국의 대표적 사찰로서 신라시대에 세워졌다. 석굴암은 경주의 토함산에 있다. 인류가 다듬어 만든 석굴 중 가장 정교하다고 말한다.

해인사 절에 있는 〈팔만대장경판〉은 불교 경전을 새긴 목판이다. 1231년 몽고의 침입을 받은 고려는 부처의 힘을 빌려 적을 물리치고자 하였다. 구도(求道)하는 마음으로 16년에 걸쳐 새겼는데, 오탈자가 적으며 뛰어난 *판각술 등으로 당시의 융성했던 불교문화와 뛰어난 인쇄출판 기술을 증명하고 있다.

서울시에 있는 〈종묘〉는 조선왕조 역대 왕과 왕비의 신주(神主)를 모신 사당이다. 종묘는 의례공간으로 음악과 무용이 조화된 전통의식 행사가 열리기도 한다.

〈경주유적지구〉는 신라 천년(B.C57~A.D935)의 고도(古都)인 경주의 역사와 문화를 고스란히 담고 있는 유적지이다. 〈고인돌〉은 청동기시대 돌무덤의 일종이다. 영어로는 돌멘(Dolmen)이라고 하는데, 2,000~3,000년 전의 무덤과 장례의식 기념물로서 선사시대 문화를 보여주는 유적이다. 또한 세계자연유산으로 보호지정된 것은 제주의 화산섬과 용암동굴이다.

세계기록유산

유네스코 세계기록유산(Memory of the World)은 세계적으로 가치가 있는 기록 문

화유산을 보존하는 제
도다. 한국은 ① 훈민정
음 ② 조선왕조실록 ③
직지심체요절 ④ 승정
원 일기 ⑤ 팔만대장경
판 ⑥ 조선왕조의궤 ⑦
동의보감 ⑧ 일성록 ⑨
난중일기 ⑩ 5,18 민주

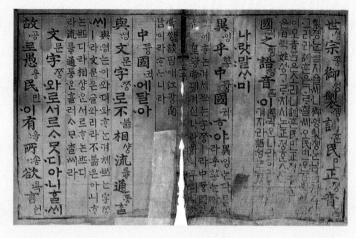

훈민정음 해례본

화운동기록물 ⑪ 새마을운동기록물 등 11건의 기록문화유산을
보유하고 있다. 이는 세계에서도 2,3위 수준이며 동양에서도 가
장 많은 기록문화유산을 가진 나라다. 그만큼 한국은 정신문화
에 대한 관심이 많은 민족이라 할 수 있다.

〈훈민정음〉은 1443년에 세종대왕이 만든 한글 문자에 대한
해설서를 적어놓은 책이다. 책 제목이 훈민정음으로 붙여져 있
어 이를 '훈민정음 해례본(解例本)'이라고도 한다. 이 책에는 문
자를 만든 원리와 문자사용에 대한 설명이 매우 정연하게 기록
되어 있어서 세계의 언어학자들이 매우 높게 평가하고 있다.

〈조선왕조실록〉은 조선왕조의 시작인 태조 임금으로부터 25
대 철종 임금까지 472년간(1392~1863)의 역사를 연 · 월 · 일 순
서에 따라 기록한 책이다. 총 1,893권 888책으로 세계 역사상
가장 오랜 세월 동안 가장 방대한 양이 기록된 역사서이다. 그
시대 정치, 외교, 사회, 경제, 학예, 종교 생활로부터 천문, 지

리, 음악, 과학적 사실이나 자연재해나 천문현상과 동북아시아의 외교 관계, 국왕에서 백성에 이르기까지의 생활기록 등 그 내용이 워낙 다양하여 백과사전식 *실록이라고 말할 정도다. 특히 실록의 내용에 대한 진실성을 높게 평가받는데 그 이유는 당시 역사를 기록하는 사관(史官)은 기술(記述)에 대한 비밀을 보장받았기 때문이다. 즉 사관의 기록은 제왕이라고 해도 함부로 *열람할 수 없도록 정해두었다.

〈승정원 일기〉는 조선시대 국왕의 비서실이라 할 수 있는 승정원에서 매일 매일의 국정을 기록한 책이다. 당시의 정치 · 경제 · 국방 · 사회 · 문화 등에 대한 생생한 역사를 그대로 기록한 조선시대 1차 사료인 것이다.

〈직지심체요절〉은 세계 최고(最古)의 금속 활자본으로 공인된 것이다. 독일의 구텐베르그보다 70여년이나 앞선 것이다. 이 책은 고려시대 말기에 수도승들의 학습 교재를 만들어 금속활자로 인쇄하였다고 한다(1377년). 이 책의 인쇄에서는 활자 인쇄술에 적합한 기름먹을 발명하는 계기가 되었다. 이는 세계 인쇄역사에 지대한 영향을 끼쳤다. 이렇게 발달한 고려의 인쇄술이 조선으로 넘어오면서 세종대왕 때의 많은 서적을 편찬할 수 있었을 것이다. 따라서 오늘날 세계문화유산 중에서도 기록 문화유산이 6개씩이나 지정된 것은 결코 우연이 아니다.

세계무형유산

무형유산이란 형태는 없지만 인간의 창조적 재능으로 그 사회문화의 전통을 잘 표현한 가치를 지닌 유산을 말한다. ① 종묘제례 및 종묘제례악 ② 판소리 ③ 강릉단오제가 세계무형유산이다

〈종묘제례 및 종묘제례악〉은 왕실에서 거행되는 장엄한 국가제사인 종묘제례

와 제사를 드릴 때 장엄한 분위기를 연주하는 기악(樂)·노래(歌)·춤(舞)을 종묘제례악이라 한다. 현재 조선 왕조 후손인 전주이씨 문중에서 행사를 주관하고 매년 5월 첫째 일요일에 종묘에서 행해진다.

〈강릉 단오제〉는 음력 5월 5일에 모심기가 끝나면 풍농을 기원하는 제사를 지냈는데 이것을 기념하는 축제다.

제2과 현대 대중문화

1. 한국의 대중음악

'한국인이 가는 곳에는 노래방이 있다.'

이런 말이 나올 정도로 외국에 나가 살아도 한국인이 많이 사는 곳에는 노래방이 있다고 한다. 한국의 거리에는 노래방, 음악학원, 피아노 학원 등 음악 관련 간판이 쉽게 눈에 들어온다. 라디오 방송에서도 노래 부르기 대항 등이 있다. 심지어 노래 부르기를 재촉하는 이런 노래도 있다.

"노래 못하면 시집 못 가요, 시집 가도 애길 못 낳아요."

한국의 대중 음악은 민요 대신에 가요가 빠르게 전파되면서 시작되었다고 본다. 소위 '유행가'라고 불리는 대중가요는 일제강점기 때 시작되었지만 영향이 *미미했다. 이후 6.25 동란으로 미국의 대중문화가 들어오자 젊은 층을 중심으로 엄청난 영향력으로 급속하게 퍼져나갔다. 그동안 한국의 유행가는 트로트, 포크,

락(rock), 발라드, 댄스, 힙합(hip-hop) 등의 다양한 형식으로 발전했다.

1950, 60년대에는 트로트(trot)풍(風)의 애상적(哀想的)인 대중가요가 한동안 인기를 누리며 이미자, 김정구 등이 국민적 사랑을 받았다. 이미자는 '트로트의 여왕'으로 불리면서 백년에 한번 나올까 말까 한 가수로 수천 곡의 노래를 발표한 당시 한국 가요계의 대표였다. 또 가수 김정구의 〈눈물 젖은 두만강〉은 일제 시대의 *실향민들의 슬픔을 노래한 것으로 지금도 널리 불리는 국민가요이다.

눈물 젖은 두만강
두만강 푸른 물에 노 젖는 뱃사공
흘러간 그 옛날에 내님을 싣고
떠나간 그대는 어디로 갔소
그리운 내 님이여 그리운 내 님이여, 언제나 오려나

1970년대는 젊은이들이 자유, 낭만을 갈구하면서 통기타에 청바지 그리고 장발머리 등 색다른 젊은 대중문화를 선보였다. 1970년대 후반, 대학가요제의 등장으로 통속적인 가요계에 신선한 바람을 불러 일으켰다. 1980년대에 대중 가수로는 조용필을 대표로 들 수 있다. 그의 노래 〈돌아와요 부산항〉은 한국인의 역사적한(恨)을 잘 표현한 노래로서 당시 재일교포의 한국 방문 붐을 일으켰다.

1990년대에는 컴퓨터 기술의 테크노(techno) 음악이 선보이면서 소위, 엑스(x)세대라는 10대 힙합(hip-hop) 가수들의 등장은 한국가요 70년 역사에 큰 혁명을 가져왔다. 서태지와 아이들의 〈난 알아요〉는 음악 장르에 엄청난 영향을 끼쳐서 랩이나 댄스 음악이 *선풍적인 인기를 몰았다. 1995년 김건모의 〈잘못된 만남〉과

이미자   보아   조용필

비   소녀시대

싸이

룰라의 〈날개 잃은 천사〉는 1990년대 음반 판매량 최고를 기록했다. 최근엔 경쾌한 리듬과 역동적인 춤을 배경으로 한 댄스음악인 레게(reggae)가 젊은이들의 전유물이 되어 또 다시 선풍을 일으키고 있다.

2000년대에 들어와서는 한국 가수들의 세계 진출이 활발하다. 가수 '비'와 '보아(BoA)'가 대표적 예인데 가수 비는 미국 할리우드까지 진출하고 있다. 가수 비는 2006년 타임지(Time)가 선정한 세계에서 가장 영향력 있는 100인에 들었다. 그가 공연을 하거나 광고, 모델 등에서 올리는 수입만도 수백억 원이니 가수 비의 경제적 가치가 웬만한 중소기업을 능가하고 있는 것이다. 가수 보아도 마찬가지로 1조원의 브랜드 가치를 가진 연예인으로서 평가받고 있다. 보아는 '아시아의 아티스트'로 영국 교과서에 실릴 정도로 유명한 댄스 뮤직 가수다. 2012년에는 한국의 가요 역사상에 큰 획을 긋는 사건이 있었다. 다름 아닌 가수 싸이의 〈강남스타일Gangnam Style〉이 그것이다. 이 뮤직비디오는 반복적인 리듬, 다소 엽기적이기까지 한 코믹함, 신나는 말춤과 재미있는 노래말로 누구나 쉽게 즐길 수 있어서인지 한국뿐 아니라 외국인에게도 큰 인기를 얻어 소셜네트워크서비스(SNS)를 타고 퍼져나갔다. 공개된 지 불과 몇 달만에 미국 뮤직비디오 차트 1위에 올랐으며, 유튜브의 조회수가 10억건을 넘어서면서 '가장 많이 본 동영상'이라는 상상을 초월하는 대기록을 세웠다. 이제 가수 싸이는 한국만 아니라 전 세계인의 가수인 것이다.

이처럼 한국의 대중음악은 국내뿐 아니라 세계인의 마음을 움직이고 있다. 이제 대중음악은 단순히 듣고 즐기는 오락이 아니라, 시대를 반영하는 예술의 차원에 있다. 말하자면 10, 20대가 대중가요를 끌고 가는 것이 아니라 초등학생부터 노년층을 위한 음악까지 같이 성장하고 있다. 10대들이 즐기는 현란한 춤과 빠른 리듬의 비-보이(break dance-boy)같은 공연이 있는가 하면, 동시에 중년층을 위한 '흘러간 노래' 같은 음악회도 열리고 있다.

요즘은 클래식과 한국 전통음악을 접목하여 만든 창작 오페라 공연도 인기다. 황진이나 심청전 같은 고대 문학을 오페라로 *각색하여 만든 음악은 국내는 물론 해외에서도 높은 반응이라고 한다. 이들 공연에서는 한국문화에 대한 이해를 돕기 위해 고운 한복과 매끈한 전통 춤사위 같은 푸짐한 볼거리를 엮어 관객을 사로잡기도 한다.

한국인의 음악에 대한 열정은 2003년 서울 근교 남이섬에 세계 유일의 '노래섬(Song Island)'을 탄생시켰다. 그곳에 가면 역사의 고비마다 국민에게 힘을 준 가수를 선정, 이들의 핸드프린트(hand-print)와 흉상(胸像), 노래비를 제작해서 음악동산을 조성했다. 1920년대의 흘러간 옛 노래부터 신세대 가요까지 대중음악 전체를 감상할 수 있는 자료실이 있고 공연장 등 많은 시설도 갖추어져 있다.

2. 영화, 드라마

대중문화의 꽃이 음악이라면, 그 열매는 영화라고 할까.

영화는 그 나라의 국민성과 시대성을 잘 담고 있다. 최근 몇 년 동안 한국영화는 아시아는 물론 미국 헐리우드와 어깨를 겨룰 정도로 *괄목할만한 성장을 하였다.

한국에서 최초로 영화가 상영된 것은 1900년대 초반이었지만 일제 강점기와 6.25 전쟁을 거치면서 먹고 사는 것이 더 급한 실정에서 영화는 빛을 발휘하지

드라마 〈대장금〉과 〈궁〉

못했다. 그러다가 경제가 활성화될 무렵인 1970년대부터 본격 발전하였다. 당시 〈미워도 다시 한 번(1968년)〉이나 〈별들의 고향(1974년)〉이 큰 인기를 누리면서 대중적 상업 영화의 시대를 맞게 되었다. 그러다 TV의 등장과 외국영화의 수입으로 한동안 한국영화가 주춤했지만 1980년 후반부터 다시 질적인 도약을 하였다. 1990년의 〈장군의 아들〉은 당시 한국영화 최고의 관객 동원 기록을 남겼다. 또 1993년의 임권택 감독의 〈서편제〉는 한국 고유음악인 판소리를 소재로 하여 100만 명의 관객을 돌파하고 외국에도 수출되었다. 그 후 〈쉬리〉, 〈공동경비구역 JSA〉, 〈친구〉 등이 잇달아 폭발적 인기로 국내는 물론 동남아시아를 비롯한 외국에서도 호평을 받게 되었다. 임권택 감독은 〈춘향전〉 등 한국문화를 주제로 한 우수한 작품을 많이 *선보여 프랑스 칸 영화제에서 감독상을 받기도 했다.

영화 〈웰컴투동막골〉과 〈친구〉

이런 국내 영화의 활황으로 그동안 한국인들은 외국영화를 선호했던 경향에서 한국영화를 더 즐기게 되었다. 2000년대에 들어와서는 다양한 소재와 젊은 감독들의 신선한 기법으로 영화는 더욱 발전하고 있다.

영화 〈광해〉

〈엽기적인 그녀〉를 비롯하여 2004년의 〈실미도〉, 〈태극기 휘날리며〉는 1000만 명이 영화를 보았다고 한다. 한국 인구로 보자면 5명 중 1명이 영화를 봤을 정도다. 2006년에는 〈왕의 남자〉에 이어 2012년에 〈광해, 왕이 된 남자〉가 다시 대성공하면서 '한국적인 것의 세계화' 라는 명제를 입증했다.

최근에는 부산 국제영화제와 같은 행사도 매우 활발하다. 특히 '한류' 의 영향으로 영화가 보는 것 뿐 아니라 드라마, 온라인 게임과 함께 21세기 문화산업 수출에 큰 역할을 하기에 이르렀다. 요즘은 CGV, 메가박스 등의 대형 영화관이 많다보니 영화관에 가면 한나절이 훌쩍 갈 정도로 볼거리와 놀거리가 함께 자리하고 있다. 영화도 보고 쇼핑도 즐길 수 있어서 젊은이들의 문화 명소가 되기도 한다.

영화에 못지않게 TV 드라마 인기도 엄청나다. 2003년에 MBC 드라마 〈대장금〉은 지금으로 부터 5백년 전, 조선에 실존했던 한 여성의 성공이야기를 다룬 것이다. 그 당시 신분과 남녀차별이 있던 시대에서 천민의 신분으로 궁녀로 들어와 최고의 궁중요리사가 되고 급기야 숱한 남자 의관(醫官)들을 *제치고 임금님의 주치의가 되어 훗날 '대장금' 이라는 호칭까지 부여 받게 되는 흥미진진한 이야기다. 뿐만 아니라 이 드라마에는 한국 궁중음식 문화와 한방의학을 새롭게 조명하고 그 가치를 재인식하게 한 놀라운 성과들이 있었다. 이 드라마는 중국과 동남아 등지에서 한류 자리를 확실히 굳히게 한 성공적인 드라마였다. 드라마에 흘렀던 노래 중 한 곡을 소개한다.

오나라	〈노랫말 풀이〉
오나라 오나라 아주오나	오라고 한들 정말 오더냐
가나라 가나라 아주가나	가라고 한들 정말 가더냐
나나니 다려도 못 노나니	하염없이 기다려도 어울리지 못하니
아니리 다려도 아니노네	아니 아니 아니로구나
헤이야 디이야 헤이야나라니노	아이고 아이고 어찌하랴
오지도 못하나 다려가나	님이여, 오시지 않으려거든
	날 좀 데려가주오

그 뒤를 이어 2006년에 인기몰이를 했던 〈궁〉은 한국의 황실 혈통이 현대에도 이어진다고 할 경우를 상상하여 만든 가상(假想) 드라마다. 황실 이야기도 재미있지만 황실의 의복 패션과 예절 등 *눈요기도 많아 인기였다. 2007년 1월에는 미국 포털 사이트 야후(http://yahoo. com)에 드라마 〈궁〉의 홍보용 사진이 메인(main) 화면에 소개되었다. 그 내용은 한국 드라마 〈궁〉을 비롯한 한류 드라마와 한국 영화 DVD가 폭발적인 인기를 누리고 있다는 것이었다.

3. 문화 공간과 난타 공연

최근 주 5일 근무제를 실시하는 직장이 많아졌다.

그래서 주말이면 문화 행사를 즐기는 사람들이 늘고 있다. 서울에는 국립민속박물관을 비롯하여 세종문화회관, 예술의 전당 등에서 전시, 공연을 한꺼번에 관람할 수 있다. 과천의 현대 미술관은 미술 전람회를 중심으로 연극 혹은 사진이나 공예 등 전시회가 일 년 내내 끊이지 않고 열리고 있다. 서울 명동에 마련된 청소년 문화공간 '마루(Ma-roo)'는 춤 경연, 랩(rap)이나 힙합 댄스곡을 배우는 프로그램, 생일파티 등을 즐길 수 있도록 무료로 개방되는 소극장이다.

한국전통 민속을 체험하고 싶으면 경기도 용인에 있는 민속촌을 찾으면 된다. 이곳은 조선시대 500여 년의 풍습과 생활문화를 재현한 곳이다. 영화나 드라마 등의 촬영지로도 많이 활용되는데 외국인이 한국전통문화를 보고 익힐 수 있는 곳이기도 하다. 그 밖에도 지방자치마다 지방의 특산물이나 무형문화제 축제가 계절에 맞게 열린다.

공연으로는 서울 정동 극장의 〈난타(nanta)〉가 유명하다. 〈난타〉는 '마구 치고 두드린다'는 말로 한국의 전통 가락인 사물놀이 리듬을 소재로 주방에서 일어나는 일들을 코믹하게 드라마화한 비언어극으로 남녀노소 누구나 즐겁게 관람할 수 있다. 이미 외국인들 사이에도 많이 알려진 이 공연은 말이 필요 없이 상황만으로 이루어진 것이라 한국어를 몰라도 세계인이 함께 쉽게 즐길 수 있다. 빠르고 힘있는 공연이라서 보는 동안 어깨춤이 절로 *덩실거려질 정도로 흥겹다.

〈난타〉는 한국관광공사가 선정한 대표적 문화상품으로 전용 홈페이지 (http://nanta.i-pmc.co.kr)에 들어가면 공연에 대한 소개가 있다.

제3과 한류와 한국문화

　21세기에 들어와 한국의 대중문화가 '한류(韓流 Korean Pop Fever, The Korean Wave)' 혹은 '케이팝(K-POP)' 이라는 말로 세계에서 인기를 끌고 있다. 이 말은 중국에서 한국의 드라마, 대중가요, 영화 등이 유행하면서부터 시작되었다.

　1997년 중국 CCTV(중앙방송)에서 한국드라마 〈사랑이 뭐길래〉가 방영되자 시청자들의 폭발적 인기로 재방송 되었다. 이어 〈목욕탕집 남자들〉, 〈보고 또 보고〉가 시청률 1위를 기록하였다. 1999년 한국 대중가요 〈쿵따리사바하〉를 부른 클론이 중국에서 콘서트를 열어 중국 언론들이 처음으로 '한류'라는 말을 사용했다.

　일본에서는 2004년 〈겨울연가〉가 방영되면서 유래 없는 호황을 형성하여 폭발적인 인기를 얻은 배용준은 일본 여성들의 영웅이 되었다. 일본 여성들은 〈겨울연가〉의 촬영 무대인 남이섬으로 관광을 오기도 했다. 대만에서는 〈가을동화〉가 방영되면서 송승헌의 인기가 치솟아 '승헌 커피', '승헌 티셔츠' 등이 인기상품이 되기도 했다.

한류의 열기는 영화에도 이어졌다. 한국영화의 장점이라면 한국의 아름다운 경치나 가족문화에서 엿볼 수 있는 한국인의 따뜻한 정을 세계 사람들과 함께 공감할 수 있게 만든다는 것이다. 〈엽기적인 그녀〉, 〈태극기 휘날리며〉, 〈친구〉, 〈쉬리〉 등이 아시아에서 크게 유행했다. 장동건, 이병헌, 장나라, 전지현 등의 한류 영화스타가 생기면서 그들이 출연했던 예전의 영화까지 수출되었다. 이런 현상은 막대한 자본으로 만드는 미국 영화와 맞설 수 있다는 자신감을 주면서 아시아 영화인들의 대안이 되고 있다.

최근에는 한류의 바람이 중남미를 비롯 이집트나 동유럽 국가들에까지 확산되어 한국 드라마가 진출하였다. 독일에서는 2005년을 '한국의 해'로 지정하여 한국영화를 상영했다. 이처럼 한류가 전 세계에서 각광을 받는 원인은 대체로 다음과 같다고 본다.

첫째, 한국 대중문화의 세련된 상품성과 매스미디어 기술력이다. 예컨대 장면을 가득 채운 배경의 영상미가 뛰어나고 상황에 어울리는 음악으로 더욱 감동을 이끌어내는 수준이 매우 높다고 한다.

둘째, 내용이 공감되기 쉽다는 것이다. 한류 드라마들은 사랑이나 효도 등 정(情)이 많은 민족성을 담고 있어서 보는 사람들의 마음을 따뜻하게 한다. 예의바른 가정문화와 효도, 자녀교육 방식 등에서 같은 아시아인으로서는 흡수가 빠르다는 것이다.

셋째, 한류는 미국과 같은 선진문화의 장점을 소화한 것에 다시 한국만의 정서를 가미하여 재창조해낸 독특한 색깔이 있다. 가령, 가요에서는 노래만이 아니라 백댄서(backdancer)를 동반한 역동적인 춤과 화려한 의상과 무대 등을 조화하여 즐거움을 두루 만족시킨다는 것이다.

넷째, 배우들의 뛰어난 외모와 개성, 감각적인 패션과 연기력 등이 한몫을 한다. 가수들의 음반, 공연, 티셔츠 등의 상품과 배우의 사진, 잡지, 패션, 게임, 음식 관광과 화장품, 성형 수술에 이르기까지 광범위하게 다양한 영역에서 번지고 있다. 한류는 한국문화의 해외 진출의 장(場)을 열어가는 사건이 되었다. 대학이나 사설 학원 등에 개설된 한국어 강좌에는 수강생으로 붐비게 되었다.

이제 수요자의 욕구에 맞는 질(質) 높은 한류 정책이 필요하다. 보다 좋은 전통문화를 알리는 드라마가 많이 제작되어야한다. 한국어와 문화를 보다 쉽게 배울 수 있도록 다양한 교재가 공급되어야 한다. 한국의 대중문화가 수출될 때 한국어가 정확하게 번역되도록 실력있는 인재를 길러야 한다. 또한 한류를 통해 한국문화를 올바르게 인식하도록 한국문화박람회와 그 체험단을 만들어야 한다.

01 다음 사항을 읽고 그 설명이 맞으면 ( ) 안에 O, 틀리면 X를 하시오.

1) 한국인은 노래를 부르기보다는 춤추기를 더 즐겨서 말없이 몸을 잘 흔든다. ( )
2) 사물(四物)놀이란 꽹과리 · 징 · 장구 · 북의 타악기를 가지고 노는 농악놀이다. ( )
3) 한국의 전통 미술은 붓과 먹물로 그린 주로 흑백색의 담백한 그림이다. ( )
4) 한국의 대표적인 도자기는 '고려청자(高麗靑瓷)'로 세계에 널리 알려져 있다. ( )
5) 세계기록문화유산인 〈조선왕조실록〉은 신라 1천년의 역사를 기록한 것이다. ( )

02 한국의 대표적인 민요로서 백성들의 삶을 기다림과 한(恨)의 미학으로 승화시
킨 민요의 이름은 무엇입니까?

03 한국의 전통 미술에 나타난 사군자(四君子)의 소재를 나열하시오. 이 외에도
과거 한국 사람들이 즐겨 그린 소재로는 무엇이 있는지 설명해보시오.

04 유네스코(UNESCO)가 지정한 한국의 세계문화유산(遺産)을 아는대로 써보시오.

05 한류 바람을 일으켰던 한국의 대중가요, 드라마, 영화를 각각 한 작품씩 소개
하고 그 작품들에 대한 느낌을 서로 나눠봅시다.

| 어휘 알아보기

어휘 알아보기 words

- **추임새**: 판소리에서 흥을 돋우기 위해 중간에 '얼씨구' 같은 말을 넣는 탄성.
- **신명**: 흥겨운 신과 멋.
- **기상(氣像)**: 사람이 타고난 올곧은 마음씨와 겉으로 드러난 의용(儀容).
- **민중(民衆)**: 국가나 사회를 구성하고 있는, 다수의 일반 국민.
- **빚어서/빚다**: 흙 따위의 재료를 이겨서 어떤 형태를 만들다.
- **단지**: 목이 짧은 자그마한 항아리.
- **투박하다**: 멋이나 모양 없이 튼튼하기만 하다.
- **번지면/번지다**: 액체가 묻어서 차차 넓게 젖어 퍼지다.
- **띠고/띠다**: 빛깔을 조금 가지다.
- **마구**: 아무렇게나 함부로.
- **방어(防禦)**: 상대편의 공격을 막음.
- **판각(板刻)**: 그림·글씨를 나뭇조각에 새김. 또는 그 새긴 것.
- **실록(實錄)**: 사실을 그대로 적은 기록.
- **열람(閱覽)**: 책이나 문서를 죽 훑어보거나 조사하여 봄.
- **미미(微微)**: 보잘것없이 아주 작다.
- **실향민(失鄕民)**: 고향을 잃고 타향살이를 하는 사람.
- **선풍적(旋風的)**: 갑자기 발생하여 사회에 큰 영향을 끼치거나 관심거리가 되는 것.
- **각색(脚色)**: 소설·서사시 등을 각본으로 만듦. 사실을 과장하여 재미있게 꾸미는 일
- **괄목(刮目)**: 몰라보게 발전한 데 놀라서, 눈을 비비고 다시 봄.
- **선보여/선보이다**: 사물을 처음으로 공개하여 여러 사람에게 보이다.
- **제치고/제치다**: 경쟁자보다 우위에 서다.
- **눈요기**: 보는 것만으로 어느 정도 만족하는 일.
- **덩실거려/덩실거리다**: 신이 나서 자꾸 춤추다.

11

스포츠와 관광

88 서울 올림픽과
2002 월드컵 응원 열기

제1과 태권도와 축구

1. 태권도

역사

하얀 도복에 검은 띠를 매고 발차기를 하는 장면을 보았는가?

태권도(跆拳道, Taekwondo)는 한국의 대표적 국민운동이다. 그 역사는 약 2천여년 전부터 내려온 고대 부족국가의 전통 무술에서 비롯되었다. 고구려의 고분인무용총에 그려진 풍속도에서도 태권도의 모습을 찾아볼 수 있다.

대한민국 정부가 수립된 후 대한태권도협회가 창립되고 1973년 세계태권도연맹(WTF)이 창립되었다. 이어 1988년 서울 올림픽 대회에서는 시범경기 종목으로된 뒤, 2000년 시드니 올림픽에서 정식 경기 종목이 되어 세계로 뻗어나가는 국제공인 스포츠가 되었다.

현재 세계 태권도 인구는 182개국 7천만 명으로 추산되고 있다. 태권도 세계

연맹 산하에는 아시아태권도연맹(ATU · 41개국), 유럽태권도연맹
(ETU · 48개국), 미주태권도연맹(PATU · 42개국), 아프리카태권도연
맹(AFTU · 40개국), 오세아니아태권도연맹(OTU · 11개국) 등 5개의
대륙연맹과 각국 태권도협회가 있어 올림픽을 비롯한 국제경기
를 주관한다. 이처럼 전 세계 인구가 태권도로 심신을 단련하는
데 어느 나라에서 배우거나 태권도의 기본 규칙은 동일하다. 전
세계 태권도장마다 태극기와 그 나라 국기를 전면에 게양하도
록 하고 있으며 수련생에게 한국어 *구령으로 지도함으로써 본
래 창시될 때의 정신을 세계 만방에 심고 있다.

운동과 급수

태권도는 전신운동으로서 공격을 맨손과 맨발로 자신을 방어

하고 공격하는 호신술(護身術)이 기본이다. 수련을 통하여 심신단련과 예절바른 태도를 기르므로 태권도를 배우는 사람은 불필요한 폭력을 쓰는 것을 금한다.

태권도의 급수는 10~1급까지 있으며 그 보다 실력이 높으면 1~9단까지의 단수가 있다. 허리에 매는 띠의 색깔에 따라서도 급수를 표하는데 초보 무급자는 흰색 띠를 도복에 두른다. 다음으로 황색, 녹색, 남색, 자주색, 빨간색 띠를 두르다가 유단자가 되면 검은색 띠를 두른다.

한국에서는 태권도가 나라를 지키는 무술로서 발전되어왔기에 지금도 청년들이 군(軍)에 입대하면 반드시 태권도를 익힌다. 요즘은 자녀를 적게 낳다보니 부모들이 어린이를 과잉보호하려는 경향이 많다. 과잉보호를 막고 태권도를 통해 건강과 자립심과 참을성을 키워주기 위해 어릴 때부터 태권도를 배우게 한다. 한국의 주택가 골목에는 꼬마 남자아이들이 새하얀 태권도복을 입고 다니는 깜찍한 모습을 흔히 볼 수 있다. 한국인들은 태권도가 한국의 국기(國技)라는 자부심과 동시에 태권도에 대한 애정을 갖고 있다.

2. 축구와 2002 월드컵

한국인과 축구

한국 남자치고 축구를 좋아하지 않는 사람은 없다고 할 정도이다.

2004년 한국 갤럽 조사연구소에 따르면 한국인이 가장 좋아하는 운동 1위로 축구를 꼽았다. 남성적인 운동인 축구는 공만 있으면 장소에 상관없이 즐길 수 있는 운동으로 사랑받아왔다.

한국에 축구가 도입된 것은 1882년 영국 함선의 승무원들이 인천항에 정박했다가 축구공을 주고 떠난 때부터라고 전해온다. 대한축구협회(KFA)가 1948년에 국제축구연맹(FIFA)에 가입하였다. 1948년 제14회 런던 올림픽에 축구 대표팀이 처음으로 세계무대에 출전한 이후부터 한국의 경제성장과 함께 축구도 비약적인 발전을 하였다. 1980년대에 한국 프로 축구가 생겨나면서부터 축구 열기는 본격화되었다. 2002년 월드컵에서 4강에 올라가는 *쾌거를 세우기도 하였다.

이처럼 한국축구의 역사가 서양에 비해 짧은데도 세계에 우뚝 서게 된 원인은 무엇일까? 축구는 원래 다리가 길고 육식 식생활로 다져진 강한 체력으로 쉼 없이 오랜 시간 뛸 수 있는 서양인에게 적합한 스포츠다. 그럼에도 불구하고 한국이 축구에 강한 것은 먼저 한국인의 *기질에서 찾아볼 수 있을 것이다. 말하자면 불의를 보면 참지 못하고 달려드는 급한 성격과 쓰러져도 다시 일어나는 오기(傲氣)의 승부욕이 있다. 그런 투지와 정신력이 신체적 결함을 극복한다고 본다.

또한, 축구는 여럿이 함께 하는 운동이므로 협동체제(teamwork)가 중요한 승리 요소이다. 이 점 역시 한국인은 오랜 가족공동체를 유지해오면서 양보와 협조에 단련되었다. 한국인의 공동체 의식은 월드컵 축구팀을 응원하는 분위기에서도 이미 증명되었다. 그 당시 온 국민이 하나가 되어 응원하는 분위기를 보고 수많은 외국 언론들이 격찬하며,

"그 정도로 하나 될 수 있는 민족은 한국 민족 뿐"

이라고 했듯이 한국인은 나라의 일에는 자기 생업(生業)을 뒤로 미루더라도 목이 터져라 응원하는 가족공동체 의식을 가진 민족이다. 이와 같은 이유에서 한국인과 축구는 기질상 잘 어울린다고 할 수 있다.

한국에서는 학교 운동장이 늘 개방되어 있어서 주민들은 *조기축구회 등을 만

들어 축구도 즐기고 이웃과도 자연스럽게 친하게 지낸다. 한국에서는 사람들이 운동하고자 하는 데, 학교가 출입을 통제하거나 운동장 사용료를 내거나 하는 일은 없다.

최근에는 인터넷을 활용하여 축구동호회 클럽이 자생적으로 생겨났다. 대표적으로 '붉은 악마' 라는 축구팬 클럽이 있다. 이들은 경기가 있을 때면 으레 붉은 옷을 입고 나타나 꽹과리, 징 등으로 한층 열정적이고 고조된 새 응원문화를 탄생시켰다. 한국 축구 대표팀이 있는 곳에는 이들의 독특한 응원도 함께 따라다녔다.

2002 월드컵과 응원 열기

2002년 한국과 일본이 공동으로 개최된 월드컵은 아시아에서는 처음이었다. 2002 월드컵에서는 온 국민의 소망이었던 16강 본선 진출을 가볍게 넘기고는 4강의 신화를 창조하였다. 그 결과 유럽과 남미를 제외하고는 한국이 최초로 4강에 진출한 세계 최강팀의 나라가 되었다.

당시 특히 인상적이었던 것은 한국인의 '붉은 색' 응원 열기였다. 다른 나라에서 보면 한국정부가 국민에게 일부러 시킨 것 같다고 오해할 정도로 온 국민이 붉은 색 옷을 입고 태극기를 들고 열광적으로 응원하였다. 그렇게 약속이나 한 듯 붉은 옷을 입게 된 것은 '붉은 악마' 라는 축구동호회의 옷과 모양을 너도 나도 따라하면서 국민들이 즐겁게 동참하게 되었던 것이다. 당시 국내 뿐 아니라 해외에 살고 있던 한국인들도 모두 붉은 옷을 입고 '대~한민국' 이라는 응원가를 부르며 즐거워했다. 말하자면 한국인의 가족공동체의식이 스포츠 축제를 통해 *재현된 것이다. 이러한 모습은 세계 축구 역사상 어느 나라서도 볼 수 없었던 장면이었다.

2002 월드컵 당시 서울시청에
모여 응원하는 모습

　서울 상암동 월드컵 경기장에는 2002 월드컵 기념관이 있다.
그곳에는 한국축구역사, 축구정보, 게임으로 즐기는 가상축구
공간 그리고 2002 월드컵 축구대표팀인 태극전사들과 관람객
얼굴을 합성하여 사진을 출력하는 코너 등 볼거리가 많다. 아
이들과 함께하는 관광 명소로도 *손색이 없다고 한다.

제2과 스포츠와 여가문화

1. 88 서울 올림픽

88 서울 올림픽은 1988년에 서울에서 열렸던 제24회 올림픽 대회였다.

아시아에서는 두 번째로 열린 대회였고 세계 160 여 개국이 참가하였다. 각국의 언론들은 한국이 분단 상황에 처해있는 나라임에도 불구하고 올림픽을 성공적으로 *치러낸 점을 높이 평가했다.

서울 올림픽의 마스코트(mascot)로는 호랑이를 귀엽게 표현한 '호돌이'다. 한국인은 예로부터 호랑이를 무섭다고 여기기보다는 친근하게 여기는 것에서 정했다고 한다. 올림픽 주제가는 '손에 손잡고(Hand in hand)'였다. 이 노래는 올림픽 개막식 때 부른 후 동양인이 부른 노래로는 세계 음반사상 최고의 판매기록을 올렸다고 한다. 올림픽 주제가 역사상 가장 세련되고 멋진 노래로 꼽혀서 올림픽이 끝난 후에도 서독을 비롯한 유럽 나라들과 홍콩, 일본 등 17개국의 인기 가요

• 88 서울 올림픽 개회식 모습
•• 88 올림픽 마스코트 호돌이와 엠블럼

에 1위로 올랐던 노래다.

88 서울 올림픽에서 한국은 금메달 12개로 종합 4위를 기록하였다. 한국인이 올림픽에서 좋은 성적을 올리는 종목이라면 마라톤과 양궁, 레슬링, 유도, 핸드볼 등이다. 올림픽의 꽃인 마라톤에서는 한국인의 영원한 우상인 손기정 선수가 있다. 그는 일제치하에서 베를린 올림픽(1936년)에 참가하여 한국인으로서는 처음으로 마라톤에서 금메달을 땄다. 이후 황영조 선수는 제25회 바르셀로나 올림픽 대회에서 금메달을 획득했다.

최근엔 크고 작은 마라톤 행사들이 많다. 선수들만이 아닌 직장인들이 즐기는 마라톤대회, 주부 마라톤대회 혹은 아이들과 온 가족이 참여하는 가족 마라톤 등 국민들이 여가를 즐기고 신체를 단련하는 행사로서 마라톤이 자리를 잡았다. 몇 년 전 상영되어 인기를 누렸던 〈말아톤〉이라는

• 영화 〈말아톤〉
•• 마라톤 금메달 선수 황영조

가족 영화도 이러한 사회 분위기가 배경이었다. 어느 어머니가 정신지체자인 아들을 위해 억척스럽게 마라톤 연습을 시키는 감동적인 영화다.

2. 프로 스포츠

옛날에는 한국에 스포츠(sports)라는 것이 따로 없었다. 민속놀이가 스포츠였던 것으로 줄다리기나 씨름, 활쏘기, 태권도 등을 통해 청년들이 신체를 단련하였다. 오늘날 스포츠로 불리는 운동 경기가 한국에 소개된 것은 20세기 초 외국 선교사들에 의해 대부분 전해진 것이다. 1970년대 이후 프로(pro) 스포츠가 생겨나면서 직업적 운동선수들도 생겨났다.

씨름은 민속경기였는데 요즘은 프로 스포츠로 전통을 이어가고 있다. 단오와 추석같은 명절에 남자들이 이웃 마을 남자들과 힘을 겨루는 경기였다. 씨름은 두 명의 선수가 정해진 둥근 모래판 위에서 상대방을 먼저 넘어뜨리는 운동이다. 대회에서 우승한 사람에게는 '장사(壯士)'라 부르며 황소를 상으로 준다. 전통적으로 농사가 생업인 한국 가정에서는 황소가 가장 큰 재산이라 할 수 있었기 때문이다. 승리한 선수가 그 황소를 타고 의기양양하게 씨름판을 돌며 승리를 *만끽한

씨름

다. 선수 중에는 천하장사 이만기가 유명하다. 그리고 요즘 TV 오락 프로그램에 사회자로 더 유명해진 강호동도 예전엔 씨름 선수였다.

한국에서 야구는 1970년대에 들어서부터 고등학교를 중심으로 한 고교야구가 유행하였다. 1982년에 롯데, 삼성, OB, 해태, 청룡, 삼미 등의 프로야구가 생겨났고 선수로는 이승엽과 박찬호가 유명하다.

한국인은 골프(golf)라는 말을 들으면 박세리 선수를 떠올린다. 그녀가 등장하기 전까지만 해도 한국인들에게 있어서 골프는 별로 대중적이지는 않았다. 특별히 국민들이 박세리를 좋아하는 것은 1998년 미국골프(US)오픈대회에서 보여준 맨발 *투혼의 장면을 기억하기 때문이라 할 수 있다. 그 대회 연장전 마지막 홀(hole)에서 박세리가 날린 공이 연못가 근처 비탈진 곳에 빠졌다. 이 때 그는 신발과 양말을 벗고 공을 날리면서 보여준 강한 의지는 당시 IMF 외환위기로 힘들어하던 국민들에게 고난 극복의 희망을 심어주었다. 현재 골프는 초등학생도 배울 정도로 일반화 추세이며 세계 여자 골퍼의 4분의 1 이상이 한국인일 정도라고 한다.

3. 레저(leisure)문화

한국인의 건강의식

인삼(人蔘)! 한국인이라면 누구나 보약으로 안다.

그 중에서도 6년 된 고려인삼을 과거에는 *만병통치약쯤으로 생각했다. 물론 오늘날에도 인삼의 신비한 효능은 과학적으로 증명되고 있다.

한국의 조상들은 몸이 약하거나 건강관리를 위해 한의학(韓醫學)에서 처방해주는 보약(補藥)을 선호했는데 이때 인삼을 쓴다. 보약 외에 외과적인 수술을 하지 않고 침으로 병을 고치는 한방 침술(鍼術)에 의존했다. 현대 의학이 아무리 발달해도 원인을 잘 알 수 없거나 만성병이거나 노인병과 같이 당장 고치기 어려운 것들은 한의학에 의존하는 경향이 여전히 한국인들의 마음에 있다.

따라서 한국의 한의학은 매우 발달되어서 경희대학교를 비롯해 대학에서 한의사를 육성하고 또한 한의학의 해외 전파를 위해 한의학 국제박람회도 개최하는 등 그 연구가 활발하다. 요즘은 손에 침을 놓아 질병을 치료하는 수지침(手指鍼)에 대한 관심이 높다. 간단한 요령만 익히면 가정에서도 수지침으로 건강을 지킬 수 있다고 인기를 끌고 있다.

근래에는 보약을 먹어 건강하자는 쪽보다 운동으로 건강을 다지겠다는 추세가 일반적이다. 아침에 조깅(jogging)하는 사람들을 흔하게 볼 수 있다. 자가운전자가 많아짐에 따라 운동부족을 걱정해서인지 달리는 사람들이 많아졌다. 서울의 한강고수부지 등지에는 조깅 *동호회도 많다. 한강변을 따라 잘 다듬어진 조깅코스를 달리면 시원한 강바람에 마음까지 상쾌해진다.

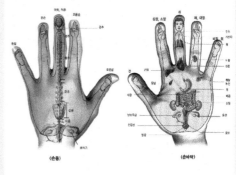

《손등》　　　　《손바닥》

• 전통 한방 침술
•• 수지침과 치료효과가 있는 자리

최근 주 5일 근무제를 실시하는 직장이 늘어나면서 '레포츠(leisure+sports)'라는 말이 일반화될 정도로 여가(余暇) 생활에 관심이 많아졌다. 주말이면 서울 한강이나 인천 앞바다 등지에서 윈드서핑 하는 젊은이들이 눈에 띤다. 또 겨울이면 설악산 일대 스키장은 사람들로 북적댄다. 용평 스키장은 눈이 많이 오는 곳이라 일찍이 겨울 레포츠를 대표하는 스키장이 되었다.

한국인이 가장 즐기는 운동겸 취미가 등산일 것이다. 국토 어디서나 몽글몽글한 산을 볼 수 있어서 그런지 한국인들은 산을 보면 마치 어머니 젖가슴 같은 푸근함을 느낀다. 한국인들은 산이 없는 사막이나 초원같은 곳에 있으면 탁 트인 느낌은 잠시 뿐이고 곧 허전하고 불안해진다고 한다. 그만큼 자신을 다정하게 감싸주는 듯한 산에서 마음의 고향을 느끼며 삶의 의미를 되새긴다. 최근엔 '산, 산, 산이 부른다, 손짓한다'라는 표현들과 함께 온 국민이 등산가인 듯 휴일이면 산과 계곡을 찾아 많이 떠난다. 어린 시절을 시골에서 보낸 사람들이라면 향수로 더욱 산을 찾고자 한다.

등산은 1970년대 산업화 이후 본격 확산된 취미 생활이다. 이는 급속한 경제성장으로 도시화 특히 아파트화로 주거공간의 답답함, 각 가정마다 있는 자동차와 컴퓨터로 운동부족 현상과 눈의 피로 또한 증가되고 있다. 사회가 복잡하면서 오는 각종 스트레스에 현대병까지 겹치니 산을 찾는 사람들은 계속 늘고 있다. 그래서 주말이면 서울에 있는 북한산이나 관악산에는 등산객들이 끊이지 않는다. 1990년대 이후부터는 '등산회' 같은 취미 클럽이 활발하여 등산인구가 더 늘어났다. 전문산악인들의 활동도 탁월하여 '세계의 지붕'이라 하는 히말라야 산맥을 정복한 사람들도 있다. 최근엔 나라 땅에 대한 애정과 국토분단이라는 민족의 아픔을 느끼며 국토를 자신이 직접 걸어서 체험해보겠다는 젊은이들의 모임도 활발하다.

한국인들은 '산을 좋아하는 사람치고 나쁜 사람이 없다'는 말을 한다. 산에 가면 자연 앞에 인간의 존재가 나약함을 자각하면서 겸손한 마음이 된다. 좋은 한국인 친구들을 사귀려면 산에 가서 텐트를 치고 캠핑을 해보라고 권한다. 딱딱한 돌을 베개 삼고 초롱초롱 빛나는 무수한 별들을 이불삼아 지낸다면 평생지기(知己)가 될 것이다. 그만큼 한국의 아름다운 자연과 한국인의 진정한 마음을 알 수 있다는 뜻이리라.

한편, 평소 가볍게 스트레스를 풀고 여가를 즐기는 곳으로 노래방을 찾는다.

등산하는 사람들

1990년대에 노래방이 등장하여 폭발적인 인기를 누리고 있다.
퇴근 후 직장 동료들끼리 혹은 친구들끼리 좋아하는 노래를 맘
껏 부르며 스트레스를 해소하고 *유대감을 키우기도 한다. 집안
잔치나 가족 모임에서도 노래방을 찾는다. 아이들 노래부터 팔
순 할아버지가 부를만한 노래까지 구비되어 있다. 가족 간의 세
대 차를 *허물고 흥겨운 마음으로 자연스럽게 대화를 열어주는
새로운 가족문화의 장(場)이 되기도 한다. 이제 노래방을 찾는
것은 일상처럼 되어 있어서 국민의 건전한 여가 유흥문화를 형
성했다는 좋은 평도 듣고 있다.

제3과 교통, 관광, 쇼핑

1. 교통

서울의 쉼 없는 교통의 흐름을 보면 범상치가 않다. 서울의 천만 인구가 24시간 에너지를 분출하고 있으니 다른 나라의 대도시와 마찬가지로 서울의 교통난도 심각하다.

2006년 통계청에 따르면 자동차 보유수가 1 가구 당 0.86대로 집집마다 자동차가 한 대씩 있는 셈이다. 정부에서는 '자동차 10부제' 같은 제도를 시행하기도 하고 도로와 지하철을 계속 건설하고 있지만 늘어나는 교통량을 흡수하기에는 역부족이다. 출퇴근 시간에는 거북이 차량이 되다보니 근래에는 사람들이 다시 대중교통에 관심을 보이고 있다.

대중교통으로 가장 선호하는 것이 지하철이다. 안전할 뿐더러 운영시간이 일정해서 시간 약속을 지키기 쉽다. 냉·난방 시설이 완비되어 있고 깨끗한 시설을 자

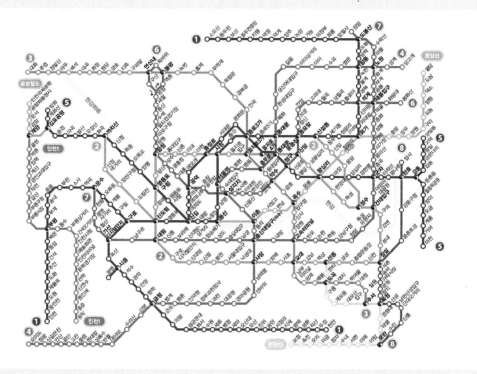

수도권 지하철 노선도

랑한다. 서울에는 9호선까지 운행되고 있어 서울시민 및 수도권
주민의 '발'이 되고 있다. 부산, 대구, 인천, 등 지방의 대도시에
도 지하철이 운행되고 있다.

　지하철 투어(tour)라 하여 지하철로 하는 관광도 활발하다. 예
컨대 서울 지하철 2호선 잠실역에 내리면 롯데월드와 민속박물
관에서 온 가족이 휴일을 즐길 수 있다. 삼성역에서는 김치박물
관을 구경할 수 있으며 3호선을 타면 경복궁으로 놀러가기가 쉽
다. 또 지하철이 환승되는 역에는 쇼핑몰과 음악이나 무용 등이
공연되기도 해서 지하철 문화를 즐기며 편리한 만남의 장소도
되고 있다. 지하철 정보는 웹(web)상에서 알 수 있으므로 집을

나서기 전에 목적지로 가는 전철 노선과 걸리는 시간, 이벤트(event) 공연 등을 알아보고 갈 수 있다.

서울의 교통이 복잡해보이지만 알고 보면 교통체계가 매우 편리하게 잘 잡혀 있다. 1996년부터 교통카드가 보급되어 잔돈을 준비할 필요 없다. 또 지하철에서 버스로 *환승할 때도 사용된다. 환승을 하면 환승횟수나 구간 거리에 따라 다르지만 기본요금이 무료이거나 적게 낼 수 있다. 교통카드를 이용하면 현금 승차보다 100원이 할인된다. 교통카드의 금액은 다시 충전해서 쓸 수 있다.

기차는 서울과 부산을 잇는 경부선을 비롯하여 지역마다 기차노선이 있다. 서울에서 부산까지 가려면 자동차로는 6시간 정도 걸리는데 고속열차(KTX)는 매우 빨라서 3시간이 못 걸린다. 한국철도공사 홈페이지(http://www.korail.go.kr)에서 미리 표를 예매할 수 있다. 또 지방으로 여행하려면 고속버스를 이용해도 편하다. 주말에는 고속버스 전용차선제가 실시되고 있어 비교적 정해진 시간에 다녀올 수 있다. 고속버스도 홈페이지(http://www.exterminal.co.kr)를 통해 예매가 가능하다. 항공으로는 서울을 비롯한 제주도, 부산, 광주, 속초, 청주, 울산 등의 대도시에는 국내선 항공편이 있다. 항공 회사로 대한항공(KAL)과 아시아나항공(Asiana)이 있다.

2. 관광 및 쇼핑

유명 관광지

서울의 전체적인 모습을 조망(眺望)하고 싶으면 여의도에 있는 63빌딩이나 남산타워를 올라가면 한눈에 볼 수 있다. 내려오는 길에 '남산 한옥의 집'에 들르면

놀이공원

한국 고유의 주거생활을 알 수 있음은 물론이요, 전통음식을 맛
보거나 공연도 볼 수 있다.

　서울에서 가까운 용인 민속촌을 가면 옛 조상들의 생활을 체험
할 수 있다. 롯데월드(Lotte world), 과천 서울랜드 그리고 에버랜드
(Ever land)에 가면 스트레스를 한 번에 날릴 정도로 신나는 놀이가
많다. 에버랜드는 한국의 디즈니랜드(disneyland)라고 불리는데 사
계절 꽃 축제, 동물 쇼, 실내외 워터파크(water park) 등 볼거리가
풍부하여 자녀와 함께는 물론 남녀노소에게 즐거움을 안겨준다.

　조금 긴 여행 일정이라면 지방을 중심으로 명승고적 혹은 민
속마을, 사찰, 온천, 국립공원의 명산 등을 두루 살펴보면 좋을
것이다. 특히 한국에는 아름다운 산과 어우러진 자연이 좋으므
로 등산을 권할 만하다. 한반도의 등뼈를 이루는 백두대간을 따
라 강원도 설악산에서 남쪽으로 내려온 지리산, 그리고 제주도

한라산에 이르기까지 크고 작은 아름다운 산이 많다.

설악산(1708m)은 겨울에 눈이 많이 와서 등산뿐 아니라 눈썰매나 스키장으로도 유명하다. 최근엔 동남아 아열대 지역 사람들이 겨울눈을 즐기기 위해 이곳을 많이 찾기도 한다. 지리산(1915m)은 경상도와 전라도에 크게 걸쳐 있다. 지리산의 아름다움으로 예술이나 문학이 발달하였다. 한국의 전통 가락인 판소리 등의 *명창과 한국 미인의 대표랄 수 있는 춘향의 얘기가 탄생된 배경이기도 하다. 한라산(1950m)은 제주도의 한가운데에 솟아 있는데 남한에서 가장 높은 산이다. 화산분출로 인한 지질의 독특함과 사계절을 모두 볼 수 있는 아름다운 무공해 자연을 지니고 있다.

유적지나 사찰 관광에는 경주시를 방문하면 좋을 것이다. 경주시는 신라 천년의 문화 유적지로 도시 전체가 역사 유적지인 셈이다. 요즘은 템플 스테이(Temple stay)라고 하여 절에서 숙박을 하면서 한국의 고요한 사찰 문화를 맛보는 관광도 외국인에게 신선한 인기라고 한다. 신세대 친구들이라면 한류와 연관된 드라마, 영화 촬영지를 관광해 봐도 좋을 것이다. 여성이라면 온천이나 미용관광 코스도 좋을 것이다. 한국관광공사 홈페이지(http://www.visitkorea.or.kr)를 보면 더 많은 정보를 얻을 수 있다.

지역 문화 축제

요즘은 지역의 특색있는 문화를 관광상품화 하는 것이 유행처럼 되었다.

한국전통적인 것을 권한다면 경북 안동국제탈춤축제, 금산의 인삼(人蔘)축제, 한국여인들의 전통적 미모를 뽐내는 춘향제, 광주의 김치 대축제, 이천 쌀과 도자기 축제, 포천(抱川)의 이동막걸리와 이동갈비 축제 등이다. 포천은 산이 많아 산에서 나온 맑은 지하수로 만든 한국 전통 막걸리맛이 일품이다. 여기에 숯불에 구운 소갈비를 곁들이면 환상적인 한국의 맛이다. 그밖에 한산대첩제(경남통영 10월), 진도 영등제(전남진도 4월), 진해군항제(경남진해 3월), 강릉단오제(강원강릉 6월), 대구의 섬유 축제 등은 오랜 전통을 가진 지방축제다. 지역의 문화 축제는 그냥 구경꾼으로 보는 것이 아니라 자신도 축제에 직접 참여하는 활동이 많아서 만족도가 높다고 한다.

의류 쇼핑의 천국

한국은 '쇼핑 천국'이라고 한다.

올림픽과 굵직한 국제행사로 한국의 상품이 서양에 비해 값싸면서도 품질이 좋다고 이미 세계에 소문이 나있다. 특히 한국의 의류패션은 매우 인기가 높다. 외국인들에게 가장 잘 알려진 곳은 서울의 이태원과 남대문과 동대문 시장 등이다. 이태원은 미군부대를 중심으로 형성된 상가로 영어권 언어 소통에도 별 문제가 없다. 이곳에서는 액세서리는 물론 의류를 포함한 각종 잡화를 구입할 수 있다.

남대문시장은 서울을 관광하는 외국인들이 항상 거쳐 가는 곳이다. 이곳에는 수입품을 비롯하여 간단한 일상용품에 이르기까지 없는 물건이 없다. 특히 의류 제품은 한국 내에서도 값이 싸기로 유명하다. 그래서 자정(子正) 무렵이면 지방에서 물건을 구입하러 오는 지방 상인들로 *장사진을 이룬다. 이때를 이용하려는 알뜰 주부들도 새벽시장에서 값싸게 구입하기도 한다.

최근에는 동대문시장의 '두산타워'나 '밀리오레'가 신세대 의류 중심타운으로 인기가 높다. 젊은 세대의 취향에 맞추어 유행상품들을 고루 갖추고 있는데다가, 머리부터 발끝까지 한자리에서 쇼핑이 가능하고 백화점보다 값이 상대적으로

쇼핑센터

싸기 때문이다. 학생들이라면 한번쯤은 이곳에서 유행하는 옷을 구입하고 싶어할 정도다. 젊은이들이 꾸며내는 즉석 댄스파티 등도 있어 즐거운 쇼핑 분위기다. 이밖에도 롯데백화점이나 신세계백화점 그리고 이마트와 같은 대형쇼핑몰도 많아 편리하게 쇼핑할 수 있다.

재래시장

서울에는 다양한 전문상가도 있다. 용산 전자상가는 좋은 품질의 컴퓨터나 휴대폰 등 각종 전자제품을 파는 곳이다. 연말연시나 입학시기, 휴가철 등에는 할인판매도 한다. 서울 가락동에

는 전국의 농수산물이 모이는 시장이다. 노량진 수산시장은 수산
물의 전국 집산지이다. 동대문의 경동시장은 한약재 시장으로 유
명하다.

한국고유의 민속과 풍물을 경험하려면 서울 인사동이나 황
학동 시장이 있다. 인사동은 고미술 거리로 유명한데 많은 외
국인들이 관광 코스로 선택하는 곳이다. 한국의 고유문화 상품
을 빠른 시간 내에 감상할 수 있으며 판소리, 풍물 등의 거리
공연 감상도 가끔 겸할 수 있다. 황학동 시장은 골동품 시장으
로 일명 '벼룩시장'으로 불린다. 이 시장은 오래 된 한국물건
뿐 아니라 외국의 헌 물건도 갖추고 있는 전형적인 고물 시장
이다. 황학동 시장은 서울 청계천에 있는데 이곳에 가면 한국
인들의 가난했던 과거와 서민들의 풍류를 맛볼 수 있다. 또 지
방의 재래시장에 가보면 지금도 한국 농촌의 옛 정취를 *물씬
느낄 수 있다.

'한국문화와 관광' 관련 웹사이트

1. 외국인을 위한 한국 소개 http://korea.net
2. 외국인을 위한 전자 정부 http://www.hikorea.go.kr
3. 문화체육관광부http://www.mct.go.kr
4. 서울특별시청 http://www.seoul.go.kr
5. 한국관광공사 http://www.visitkorea.or.kr
6. 한국문화교류센터 http://www.ikorea.ac.kr
7. 한국관광문화 포탈사이트 http://www.whatsonkorea.com
8. 한국 여행, 문화 소개 http://www.lifeinkorea.com
9. 재외동포재단 한국 바로알기 http://pr.korean.net
10. 문화재청 http://www.cha.go.kr

01 다음 사항을 읽고 그 설명이 맞으면 ( ) 안에 O, 틀리면 X를 하시오.

1) 태권도는 한국의 대표적인 국민 스포츠운동이다. (   )

2) 태권도 초보자는 검은색 띠를 허리에 두르고 훈련한다. (   )

3) 한국은 2002년 월드컵 대회에서 4강 진출의 신화를 창조하였다. (   )

4) 고려인삼의 신비한 효능이 오늘날에도 과학적으로 증명되고 있다. (   )

5) 민속경기였던 유도는 모래판 위에서 경기를 하며 이긴 사람을 장사라 불렀다. (   )

02 요즘은 절에서 숙박을 하면서 한국의 고요한 사찰 문화를 맛보는 관광이 외국인에게 인기라고 한다. 이런 관광 프로그램을 무어라 부릅니까?

03 '서울의 교통이 복잡해보이지만 알고 보면 교통체계가 매우 편리하게 잘 잡혀 있다.' 라고 말할 수 있는 교통 체계에 대해 예를 들어 서술해보시오.

04 2002년 한일월드컵이 서울에서 열릴 때 세계 축구 역사상 어느 나라서도 볼 수 없었던 응원의 열기를 예를 들어 말해 봅시다.

05 한국인이 특별히 등산을 좋아하는 이유에 대해 설명해봅시다. 또한 한국인들의 여가문화를 자신의 나라 사람들과 비교하여 이야기를 나누어봅시다.

어휘 알아보기　　　　　　　　　*words*

- **구령(口令)**: 단체 행동의 동작을 일제히 하도록 호령함. 또는 그 호령.

- **쾌거(快擧)**: 통쾌하고 장한 일.

- **기질(氣質)**: 기력과 체질. 자극에 대한 민감성이나 개인의 성격에서 오는 소질.

- **조기(早起)**: 아침에 일찍 일어남.

- **재현(再現)**: 두 번째로 나타남. 다시 나타냄.

- **손색(遜色)**: 서로 견주어 보아서 못한 점.

- **치러/치르다**: 무슨 일을 겪어 내다.

- **만끽**: 즐기다. 누리다.

- **투혼(鬪魂)**: 끝까지 투쟁하려는 기백.

- **만병통치약(萬病通治藥)**: 여러 가지 병을 다 고칠 수 있는 약.

- **동호회(同好會)**: 같은 취미를 가지고 즐기는 사람의 조직. 또는 그 모임.

- **유대감(紐帶感)**: 한 집단에 속한 여러 개인들 사이에 연결되어 있는 공통된 느낌.

- **허물고/허물다**: 쌓인 물건이나 막힌 경계를 뜯어서 허물어뜨리다.

- **역부족(力不足)**: 힘 · 기량(技倆) 등이 모자람.

- **환승(換乘)**: 다른 노선이나 교통수단으로 바꿔 타는 일.명창

- **명창(名唱)**: 노래를 뛰어나게 잘 부르는 사람.

- **장사진(長蛇陣)**: 많은 사람이 줄을 지어 길게 늘어서 있는 모양을 이르는 말.

- **물씬**: 짙은 냄새를 확 풍기는 모양.

설날, 세뱃돈 행복해요!

제1과 명절 민속

1. 설날

세배와 차례상

한국 사람들이 가장 큰 명절로 *치는 것은 설날과 추석이다.

한국인은 예로부터 하늘의 절대자와 조상신의 보호하심으로 풍농(豊農)과 번영을 이룰 수 있다고 믿었기에 명절과 세시풍속은 그런 보호하심에 감사하고 숭배하는 의식에서 생겨났다. 명절이 정해지는 시기는 *24절기에 따라 전개된다.

설날은 음력으로 새해 첫날(1월 1일)을 말한다.

이 날은 새해를 시작하면서 하늘과 조상님께 문안 인사부터 먼저 드려서 풍농과 번영을 기원하고, 자신도 새 마음을 다지고자 하는 경건의 의미가 크다. 따라서 설날 전날인 섣달 그믐날에는 집안을 대청소하고 목욕도 하며 깨끗하게 새해를 맞을 준비를 한다. 밤에는 집 안 곳곳에 훤히 불을 밝혀두는데 이는 어둠의 *

복조리

윷놀이와 윷판

연날리기

제기차기

액(厄)을 막고 복을 불러들이려는 뜻에서이다. 또 새해 첫 시간을 밤새 잠을 자지 않고 깨어서 맞이하고자 했다. 잠을 자게 되면 눈썹이 희게 된다고 하여 아이들은 *애써 잠을 자지 않으려고 한다. 만약 자는 사람이 있으면 눈썹에 하얀 가루를 몰래 칠해놓고 다음날 아침에 놀려주기도 한다.

설날 아침에는 조상들에게 차례(茶禮)를 지내고 끝나면 차례상에 올렸던 음식으로 온 가족이 식사를 한다. 설날음식으로는 떡국이 주식이다.

특별히 이날엔 새 한복인 '설빔'을 입고 어른들에게 새해 인사로 '세배'를 드린다. 세배를 할 때는 '새해 복 많이 받으세요' 라는 말로 절을 한다. 세배를 받는 어른은 '새해에는 소원 성취하게' 라는 말을 건네주시는데 이를 '덕담(德談)' 이라고 한다. 세배를 받은 측에서는 간단한 다과를 대접하거나 세뱃돈을 준다. 세뱃돈은 깨끗한 돈을 주는데 어떤 사람들은 은행에 가서 가장 깨끗한 지폐로 돈을 바꾸어 미리 마련해두기도 한다. 세뱃돈과 좋은 음식, 고운 설빔 등으로 해서 설날은 아이들이 *손꼽아 기다리는 가장 즐거운 명절이다.

집집마다 새해 아침에는 복조리를 방이나 부엌문 위에 걸어두기도 했다. 원래 조리란 쌀에 섞여있는 돌을 걸러내기 위해 쌀을 *이는데 쓰였다. 조리의 오목한 모양에 '복을 일구어 담는다' 라는 뜻에서 복조리라 부르는데 이것을 설날에 걸어두고 '새해에도 복이 많이 담겨라' 는 소망에서 그렇게 했다.

설날의 놀이 문화
세배를 거의 마친 오후가 되면 여러 가지 민속놀이를 즐긴다.

남자아이들은 연날리기를 하거나 제기차기 등을 한다. 연날리기는 바람이 강한 겨울에 주로 한다. 한국의 연은 서양에 비해 크기가 작고 단단하다. 한국에는 태극모양을 그린 방패연이 대표적이다. 여자들은 널뛰기를 한다. 널이라는 나무판 양 끝에 한 사람씩 올라가서 *교대로 뛰는 놀이다. 여성들의 외출이 자유롭지 못했던 옛날에는 널뛰기를 하며 이웃집 담장 너머의 남정네의 모습을 *훔쳐보기도 했다는 문학적 표현도 있다.

어른들은 윷놀이를 주로 했다. 윷놀이는 여러 사람이 함께 어울려야 하므로 설날 분위기에 맞게 화목을 더해주는 놀이다. 이 놀이는 네 개의 윷가락이 엎어지거나 젖혀지는데 따라서 '도, 개, 걸, 윷, 모'라 하여 점수를 두고 하는 놀이다. 윷판에 놓인 윷말을 승부지점까지 머리를 잘 써서 두는 것도 승리의 큰 요인이 된다. 그래서 윷놀이를 할 때면 자기편끼리 서로 상의도 하고 윷가락을 던질 때 '모 나오느라' 하며 주문도 하고 박수도 치며 아주 흥겹게 노는 놀이이다. 요즘은 인터넷 윷놀이 게임이 있어서 미리 배울 수 있다.

그런데 현대의 설날 모습은 예전과는 사뭇 다르다. 농경사회가 아니므로 마을 사람이 모여 민속놀이를 즐길 수도 없다. 요즘은 명절의 의미가 오랜만에 가족이 모인다는 것과 일상에서 휴식하는 의미가 더 커졌다고 할 수 있다. 명절날이면 집안에서 TV를 보거나 화투(花鬪, hwatu)를 치면서 가족 간의 정을 나눈다.

화투는 한국식 카드 게임으로 가장 많이 즐기는 놀이이다. 모두 48장으로 된 카드에는 국화, 난초 등과 같은 동양의 산수화가 그려져 있는데 같은 그림끼리 짝을 맞추는 것이다. 젊은이들

화투 그림

은 고스톱이라는 화투놀이를 즐기는데 지나치면 도박이 될 수 있으니 조심해야 한다.

그 외에도 남자들은 장기나 바둑을 두며 조용히 명절을 쉰다. 장기는 〈황산벌〉이라는 영화에서 주인공들이 장기를 두며 상대편의 전략을 읽는 장면이 나오는데 장기놀이의 특성을 잘 보여주고 있다. 바둑은 두 명이 흑과 백의 돌을 판 위에 번갈아 놓으며 집을 차지하는 놀이이다. 한국, 중국, 일본 등 동아시아 국가들 사이에서 널리 퍼져 있으며 동양의 대표적인 보드게임이라 할 수 있다. 세계대회가 있으며 한국은 바둑 실력이 높다.

또는 온 가족이 함께 온천이나 찜질방을 찾아서 명절 연휴의 피로를 씻기도 한다. 어린이들이 많은 집에서는 놀이공원이나 민속촌 등의 관광지를 찾아가서 전통 민속놀이를 하며 명절을 지낸다.

2. 정월대보름과 단오

농경사회였을 때는 설 명절 분위기가 보름까지 이어졌다. 정월대보름(음력1월 15일) 날은 새해 첫 보름달을 맞이하여 소원을 비는 날이다.

아침에는 부럼을 *깨무는 일로 시작한다. 부럼은 껍질이 단단한 잣, 밤, 땅콩, 호도 등의 열매를 가리킨다. 부럼을 깨물어 먹음으로써 몸에 *부스럼이 나지 않아 건강하게 지낸다고 믿었다. 보름날 아침상은 다섯 가지 곡식을 섞어 지은 오곡밥과 나물로 차려진다. 가을부터 말려 둔 야채를 푹 삶아 나물을 먹음으로써 겨울에 부족했던 비타민을 공급한다는 의미가 컸다. 또 이 날에는 온 가족이 귀밝이술을 마신다. 이 술을 마시면 귀가 밝아져 남의 말을 잘 듣는다는 뜻에서 어린이들도 마신다.

단오는 음력 5월 5일로 이날 여자들은 창포물에 머리를 감는다. 그렇게 하면 머리카락이 빠지지않고 윤기도 흐른다고 했다. 남자들은 모래판에서 씨

널뛰기

그네뛰기

름을 하고 여자들은 그네뛰기를 한다. 그네를 타고 넓은 세상
을 바라보며 그동안 쌓였던 여성들의 스트레스를 단오날 씻어
냈다고 한다. 하늘 높이 그네 뛰는 여자들을 보면서 하늘에 올
라가는 선녀 모습 같다고 노래한 사람도 있었다. 이 날에는 다
가올 여름을 대비하여 부채를 선물하는 풍습도 전해진다.

3. 추석

추석은 음력 8월 15일로 '한가위'라고도 부른다. 설과 함께
한국의 최대 명절이다. 추석은 한 해의 농사를 수확하며 조상님
께 감사한 마음을 올리는 의식이다. 미국의 추수감사절과 비슷
한 의미이다. 추석상은 풍성한 햇곡식과 과일로 차리는데 *햅쌀

로는 송편과 술을 만든다. 추석에는 특별히 떡 중에 송편을 먹는데, 온 가족이 둘러앉아 송편을 *빚는 모습에서 명절분위기가 물씬 풍긴다.

강강술래

한가위의 민속놀이로는 농악, 줄다리기, 강강술래 등이 있다. 줄다리기는 줄을 양편에서 잡고 서로 끌어당겨 승패를 가리는 놀이다. 이웃 마을끼리 서로 단결된 힘을 *겨루며 놀았다. 요즘도 학교 체육대회에서는 줄다리기를 많이 하는데 여럿이 함께 한목소리로 줄을 당기게 되므로 집단에 대한 유대감이 커진다. 강강술래는 달 밝은 밤에 부녀자들이 곱게 단장하고 여럿이 손에 손을 잡고 둥근 원을 그리며 뛰어노는 것이다. 이 놀이는 임진왜란 때 이순신 장군이 왜적에게 해안을 지키는 군사의 수가 많은 것처럼 보이게 하기 위해, 달밤에 부녀자들을 해안에 모아 춤을 추게 한 데서 유래했다고 한다. 누가 앞서 노래를 하면 다같이 '강~강~수월래' 라고 다같이 후렴하면서 뛰는 율동적인 놀이다.

한편, 설과 추석 명절에는 '민족대이동' 이라는 말이 생길 정도로 모두가 고향을 방문한다. 명절이 되어도 고향에 가지 못하는 사람들은 '불효자' 라고 스스로를 *책하기도 한다. 고향 방문 길은 한꺼번에 자동차가 밀려서 도로가 심한 정체(停滯)를 겪는다. 평소에는 서울에서 대구까지 4시간이면 도착하는 거리이지만 명절에는 15시간이 넘어 걸릴 때도 있다. 이런 명절 교통난과 사흘이 채 안되는 짧은 연휴임에도 불구하고 *고향이 주는 넉넉함에 삶의 새 기운을 얻어 일터로 돌아오는 것이다. 돌아올 때는 부모님이 싸주신 올망졸망 보따리에는 고향의 먹거리로 가득차기도 한다. 이런 한국인의 명절 풍습에서 한국가족의 특성을 알 수 있다. 말하자면 아무리 기계 물질문명의 사회라해도 한국인에게 명절은 가족공동체의 유대감을 확인하여 서로에게 훈훈한 마음의 고향임을 반증해 주는 셈이다.

4. 동지

동지는 일 년 중 밤이 가장 긴 날이다. 24절기 중 대설(大雪)과 소한(小寒) 사이다. 보통 양력 12월 22일을 동짓날로 본다. 이 날에는 붉은색의 팥죽을 *쑤어 먹는데 벽과 대문에도 뿌렸다. 그렇게 하면 악귀를 몰아낸다고 믿었다. 팥죽에는 찹쌀가루로 새알심을 만들어 넣고 나이 수만큼 먹는다. 그래서 팥죽을 먹으면 나이를 한 살 더 먹었다고 말한다. 이 날은 팥죽을 넉넉하게 쑤어서 이웃 사람들과 나눠먹기도 한다.

팥죽

제2과 종교

1. 민간 신앙

옛날 사람들은 모든 자연에는 혼령이 깃들어 있다고 생각했다.

그래서 인간의 힘으로는 막을 수 없는 액운(厄運)을 오로지 자연에 깃들어 있는 혼령에게 의존하고자 하여 큰 나무, 산, 바위 등에다 제사를 지냈다. 이런 원시신 앙 중에서 한국인들은 하늘이 자연의 으뜸이라고 보고 하늘을 가장 *경외하였다. 그래서 하늘을 향해 제사를 지내며 농사의 풍년과 집안의 복을 빌었다. 인간도 하 나의 자연물로서 자연에 순응하는 생활철학에서 도(道)나 풍수라는 사상이 생겼 다. 이는 신앙이라기보다는 자연의 이치에 대한 사상이라고 할 수 있다. 이런 사 상은 후에 들어오는 어떤 종교와도 마찰 없이 수용되어 오히려 한국인에 맞는 신 앙을 발달시키는 힘이 되었다.

무속신앙(巫俗信仰, shamanism)도 자연의 이치에 힘입어 나온 것이라 할 수 있다.

장승

무속신앙은 *무당 외에도 여러 매개에 의해 복을 빈다. 예컨대 장승을 마을이나 절 입구에 세워서 그 마을을 지켜준다고 믿는 마을 신앙이 있다. 그리고 삼신 할머니를 통해 자손이 태어나고 건강하게 자라는 것을 봐주는 삼신신앙이 있다. 그 밖에 민간 신앙으로 점복(占卜)과 자연에 대한 풍수사상이 전해 내려오고 있다. 점복은 미래에 일어날 일을 미리 알아보고자 하여 점을 친다고 한다. 결혼을 할 때 배우자의 사주(四柱)를 알아보고 궁합(宮合)이나 결혼날짜를 정하는 등 인생의 중요한 결정에서는 점을 쳐서 나쁜 운을 멀리하고 복을 기원하였다. 또 새 해가 되면 토정비결을 보고 그 해 운수를 미리 알아본다. 요즘은 인터넷으로도 토정비결이나 점복을 알아보는 경우가 많다. 젊은이들도 호기심 반 믿음 반으로 자신의 운수를 점쳐 보기도 한다.

2. 유교, 불교, 도교

외부에서 전래된 유, 불, 도(儒, 佛, 道)교는 일찍이 한국에 들어와 고유한 신앙이 되었다. 삼국시대에 고구려에서 처음으로 불교를 받아들여 통일신라와 고려시대는 불교가 국교가 될 만큼 성장하여 그 시대 사람들의 가치관과 우주관이 되었다. 유교는 조선을 건국한 태조 이성계가 중국 공자의 사상을 국민의 정신적 통합을 위해 종교화 하였다. 유교는 인(仁)을 근본으로 하여 개인의 도덕적 규범을 통해서 가족과 나라의 행복을 이루는 것이다. 불교는 자비(慈悲)를 근본으로 하여 모든 행동은 반드시 갚음을 받으니(因果應報), 선(善)을 행하면 마침내 해탈(解脫)한다는 것이다. 도교는 '모든 인위적인 거짓을 버리고 자연과 하나가 된다(無爲自然)'는 것을 이상적 실현목표로 하였다.

조선시대 말기에는 서구세력이 들어오면서 천주교가 한국에 들어왔다. 또 서양의 학문이 들어와 서학(西學)을 형성하자 이에 대응하는 동학(東學)이 창시되어 '사람이 곧 하늘(人乃天)'이라 하며 인간의 평등을 내세웠다.

3. 현대인과 종교

　서울에 와 본 외국인들은 십자가 모양이 걸린 건물이 많은 것에 놀란다. 한국에서는 서양 종교인 천주교가 기독교보다 먼저 전래되었다. 천주교는 가톨릭 혹은 구교(舊敎)라고 한다. 중국을 통해 조선 후기 18세기에 들어왔다. 유교가 지배하던 조선사회에서 제례(祭禮) 등의 문제로 갈등을 일으키며 천주교 신부들이 많은 박해를 받으며 *순교하였다. 이후 20세기에 들어와 미국의 선교사들이 기독교를 전파하였다. 기독교는 개신교(改新敎) 혹은 신교(新敎)라고 한다. 기독교 선교사들은 특별히 학교와 병원을 중심으로 민생을 보살폈다. 오늘날 연세대학교나 이화여대 등이 당시 선교사에 의해서 세워진 학교들이다. 일제치하와 6.25 전쟁의 어려운 시대를 지나면서 그리스도 교리(敎理)의 이웃 사랑과 봉사정신은 근대 한국 사회에서 기독교가 급성장하는 결과를 가져왔다.

　현대 한국의 종교 인구 분포에 따르면 불교가 23.3%, 기독교 19.7%, 천주교 6.6% 이며 기타 유교, 천도교, 원불교 등이 0.5% 이하의 숫자를 가지고 있다. 여기서 기독교와 천주교를 합친 인구가 한국의 전통적인 종교인 불교 신자 수를 능가하고 있다.

　최근에는 한국경제의 발전으로 외국기업체와 그 가족 등 외국인의 거주가 부쩍 늘어나면서 외국의 다양한 종교도 많이 들

성당과 교회

어와 있다. 그들의 신을 숭배하는 종교의식에 한국인들을 매우 *유연한 편이다. 고래(古來)로 한국인은 정신세계에 대한 가치를 중시해 온 민족이기 때문이다. 한국에서는 석가탄신일(음력 4월 8일)과 크리스마스(12월 25일)가 공휴일로 지정되어 쉰다.

내용 정리해 보기　　　　exercises

01 다음 사항을 읽고 그 설명이 맞으면 ( ) 안에 O, 틀리면 X를 하시오.

1) 한국 사람들의 가장 큰 명절은 설날과 추석이다. ( )
2) 설날은 양력 새해 1월 1일을 말하며 햅쌀밥과 송편을 먹는다. ( )
3) 설과 추석에는 '민족대이동' 이라는 말이 생길 정도로 고향을 방문한다. ( )
4) 동짓날에는 팥죽을 먹는데 이것을 먹으면 나이를 한 살 더 먹는다고 한다. ( )
5) 설날에 어른들께 세배를 드리면 어른들은 덕담과 맛있는 음식만 준다. ( )

02 민속 명절 중에 새해 처음으로 보름달을 맞이하여 소원을 비는 날이다. 아침에는 오곡밥과 나물을 먹고 귀밝이술을 마신다. 어떤 민속 절기입니까?

03 다음은 한국의 민속놀이를 〈보기〉에 나열하였다. 이 중 여성들이 주로 많이 노는 것을 A로, 남녀노소 여럿이 함께 노는 놀이를 B로 구분하여 분류해봅시다.

> 보기 　강강수월래, 윷놀이, 널뛰기, 연날리기, 화투, 바둑, 그네뛰기

04 한국인의 일상생활 중 민간신앙으로 전해 내려오는 풍습을 예를 들어 설명해 보시오.

05 오늘의 한국 사회에는 다양한 종교가 서로 공존하고 있다. 종교로 인한 공휴일을 아는 대로 쓰시오.

- **치는/치다**: 우선 셈을 잡아 놓다. 또는 어떤 양식으로 여겨 두다.

- **절기(節氣)**: 한 해를 스물넷으로 나눈 계절의 구분.

- **액(厄)**: 모질고 사나운 운수.

- **애써/애쓰다**: 마음과 힘을 다하여 어떤 일에 힘쓰다.

- **손꼽아/손꼽다**: 손가락을 꼽아 수를 세다.

- **이는/일다**: 곡식이나 사금 따위를 물속에 넣어 모래·티를 가려내다.

- **교대(交代)**: 어떤 일을 서로 번갈아 차례대로 함.

- **훔쳐보기/훔쳐보다**: 남모르게 보다.

- **깨무는/깨물다**: 위아래 이가 맞닿도록 세게 물다.

- **부스럼**: 피부에 나는 종기의 통칭.

- **햅쌀**: 그해에 새로 농사지어 난 쌀.

- **빚는/빚다**: 가루를 반죽해 경단·만두·송편 등 어떤 형태를 만들다.

- **겨루며/겨루다**: 서로 버티고 승부를 다투다.

- **책(責)하다**: 남의 허물을 들어 꾸짖다. 책망하다.

- **고향(故鄉)**: 자기가 태어나서 자라난 곳. 자기 조상이 오래 누려 살던 곳.

- **쑤어/쑤다**: 죽·풀 등을 끓여 익히다.

- **경외(敬畏)**: 공경하고 두려워함.

- **무당**: 귀신을 섬겨 길흉을 점치고 굿을 하는 여자.

- **순교(殉敎)**: 자기가 믿는 종교를 위하여 목숨을 바침.

- **유연한/유연(悠然)하다**: 태연하다. 침착하고 여유가 있다.

참고 도서

김광언, 2001, 우리문화가 걸어온 길, 민속원
김종서, 2007, 세계에 널리 자랑할만한 잊어버린 한국의 고유문화, 한국학연구원
국제교육진흥원, 2002, 한국인의 생활, 교육인적자원부
박금주 외, 2004, 외국인을 위한 한국문화의 이해, 배재대학교출판부
박선옥, 2005, 한국사회, 문화 이해와 표현1, 역락
박영순, 2002, 한국어교육을 위한 한국문화론, 한국문화사
버라토시 벌로그 베네데크, 2005, 코리아 조용한 아침의 나라, 집문당
서광석, 2009, 한국을 알고 싶어요; 다문화사회 이주민을 위한, 생각나눔
소리클럽, 2003, SPEAK ABOUT KOREA, 넥서스
유홍준, 1997, 나의 문화유산답사기3, 창비
이다도시, 2007, 한국 수다로 풀다, 이미지박스
이상억, 2008, 한국어와 한국문화, 소통
이원복, 2005, Korea Unmasked, 김영사
최정호, 1994, 물과 한국인의 삶, 나남출판
최준식, 2007, Understanding Koreans and Their Culture Korea, 허원미디어
홍일식, 2003, 한국인에게 무엇이 있는가, 정신세계사
John Yun, 2007, All About KOREA, 홍익미디어플러스
KBS 제작팀, 2008, 미녀들의 수다, 성안당

사진제공처
문화재청, 한국관광공사, 시몽포토에이전시, 연합뉴스, Newsis, 클립아트코리아

● 저작권자를 찾지 못하여 게재 허락을 못 받은 사진은 저작권자를 확인하는 대로 게재 허락을 받고, 통상 기준에 따라 그 값을 드리겠습니다.